feat.《フィーチャリング》鱒《トラウト》

個性派ルアーフリークが移住者目線で迫る
「Trout Paradise北海道」のリアル

喜島 進
Susumu KIJIMA

Introduction

変化のない日常に疲れたら、あなたも北海道のフィールドに足を運んでみませんか？　強くて、賢くて、美しい「鱒」たちが、あなたのチャレンジを手ぐすね引いて待っていますよ！

イトウ、ミヤベイワナ、オショロコマ、アメマス、エゾイワナ、サクラマス、ヤマメ、ニジマス、ブラウントラウト……

北の大地「北海道」には、驚くほどの多様な種、そして容姿の鱒が棲息しています。もしあなたが、いつもの生活にちょっとストレスを感じているとしたら……

お気に入りのタックル一式を携え、一路、北を目指しましょう。とりあえず「日常」は、寝室のクローゼットの奥にしまい込んでしまえばいい。少しの間なら、悪さもせずに、じっとあなたの帰りを待ってくれているはずです。

真面目な人ほど躊躇してしまいがちだけれど、いざ行動に移してしまえばなんとかなったりするもの。幾多の葛藤を乗り越えたどり着いた北の大地では、強くて、賢くて、美しい「鱒」たちが、ちょっとだけ意地悪な表情を浮かべて、あなたを歓迎してくれることでしょう。

ところで、私が普段から疑問に思っていること。それは、〝雑誌でも、テレビでもそうだけれど、「アングラー」「フィールド」「タックル」にばかりスポットライトが当たり、主役であるはずの「魚」たちがどこか軽く扱われてはいないだろうか？〟ということです。おそらく、さまざまな〝大人の事情〟が絡み合っているのであろうことは容易に想像できますが、それにしても偏りが過ぎるのではないだろうか……、と。

そこで今回、本を出版するにあたってどうしても譲れなかったのが、「鱒」を絶対的な主役に据えること。北海道の大自然には脇役として彼らを引き立ててもらい、アングラーとタックルはエキストラで十分。自ら投げかけた疑問に対して、出した答えがこれでした。

掲載する情報は、飾りもせず隠しもせず、

あくまでも自然体で。これが、私なりの流儀。もっともらしいステレオタイプな言葉の隠れ蓑に身を潜め、自分に都合のいい情報だけを切り取って発信するのなら、わざわざ本を出版する意味はありません。

そんなささやかな理念を曲げることなく記したこの本には、ところどころに「真実の毒」が盛られています。時にイラッとしたり、モヤッとしたり……。読み進めていくうちに、皆さんの心の中にいろいろな感情が湧きあがってくることでしょう。でもそんなときは、「コイツ、わかってないな!」と笑い飛ばしつつ、最後まで目を通してもらえたらうれしいですね(笑)。

本書は、北海道の「鱒」をこよなく愛するひとりのアングラーが、自らの価値観と社会的ニーズのバランスを取るのに悪戦苦闘しながら書き上げた、いわば手づくりの本。だから、「すべてのアングラーを満足させる完全無欠の一冊だ!」などと、胸を張ってアピールできるほどのたいそうな代物ではありません。

それでも、ここ北海道に生活の拠点を移し、この土地で「鱒」たちと真剣に対峙してきた者の矜持として、書き手と読み手がW-N-W-Nの関係になれるよう、そこだけは意識して文をしたためてきたつもりです。

北海道の「鱒」に関心を持つ人が増えれば増えた分だけ、「鱒」の地域資源としての価値は高まります。それに付随して、地域資源の「保護と利用の両立」をどう図っていくべきか、より多くの人が当事者意識を持って考える方向へと、ベクトルの向きが変わってゆく。

壮大な夢に聞こえるかもしれないけれど、それこそが、私が本気で目指す「鱒を取り巻く社会のあるべき姿」です。どんなに小さなことでもいいから、いま自分にできることをやってみる。この本の出版には、そんな意味も込められています。

「鱒」と共に生きる幸せ、ここに極まれり。もし本書がきっかけとなって、あなたの釣り人生が少しでも豊かなものになったとしたら、私にとって、これ以上の喜びはありません。

Contents

Chapter 1

Chapter 2

Chapter 3

Appendix

About Target Fish Species

対象魚種

イトウ

トラウトフィッシングを志向するアングラーなら、誰もが一度は釣ってみたいとあこがれる鱒の代表格。北海道のみに棲息し、多くの鱒の寿命が5年前後とされる中で、20年以上生きるツワモノもいるとか。

ミヤベイワナ

然別湖《しかりべつこ》及びその流入河川にのみ棲息する固有種。厳しい自然環境を生き抜く中で、独自の進化を遂げたとされる。この「神秘の魚」との出逢いを求めて、毎年、道外から然別湖に通うアングラーも少なくない。

オショロコマ

日本では北海道のみに棲息し、世界的にもここ北海道が南限の棲息地とされている。簡単に釣れてしまうイメージが先行しがちだが、道外在住のアングラーにはその価値を高く評価されることが多い。

アメマス

体側に浮かぶ白い斑点がトレードマーク。比較的手軽に出逢えるターゲットとして、根強い人気がある。大型に成長するのも特徴で、条件が揃えば70cmクラスに出逢えるチャンスも十分。

エゾイワナ

アメマスの陸封型。体側に有色斑点がないため、本州に棲息するニッコウイワナなどと比べてビジュアルは地味。道内の一部にはコアなファンも存在するが、どちらかというと脇役に甘んじることのほうが多い印象も。

サクラマス

北海道では河川に遡上したサクラマスを釣ることが禁じられているため、ターゲットとなるのはランドロックサクラマスのみ。狙えるフィールドも限定されるが、その凛々しい姿に魅了されるアングラーも少なくない。

ヤマメ

サクラマスの陸封型で、おなじみの渓流魚。北海道では「ヤマベ」と呼ばれている。道内では、餌釣り師に人気のターゲットであったが、ここ最近はルアーやフライで専門的に狙うアングラーも増えてきた。

ニジマス

広く道内の河川や湖に分布。道産子アングラーには、特にニジマスフリークが多い。もとは外来種でも、自然再生産された個体は見事なビジュアルを誇り、養殖場で育てられたニジマスとはまるで別の魚である。

ブラウントラウト

道内では人気のターゲットで、支笏湖などのメジャーフィールドでは、かなりの頻度で通い詰めるアングラーもいるほど。一度でも完全無欠の魚体を手にすれば、その魅力に憑りつかれてしまうのもうなずける。

Chapter 1

北の大地を彩る
鱒の素性を知る

広大な湿原を縫うように流れる原始の川、
圧倒的なスケールで人々を寄せつけない大河、
透き通った水をたたえるカルデラ湖……。
特異な環境に適応しながら命をつないできた鱒たちの素性は、
知れば知るほどに興味深く、そしてどこまでも尊いものだった。

かつての僕にとって、非日常の空間であった北海道のフィールド。そこは、いつでも気軽に足を運べる場所ではなかった。

それでも遠征資金が貯まったら、上司に嫌な顔をされてもめげることなく、変化のない日常を全力で振りほどく。そして、いよいよ北の大地に降り立つと、原始の森に囲まれたトラウトパラダイスが、いつも僕をあたたかく迎えてくれた。ひとたびフィールドに身をゆだねれば、小鳥のさえずり、川のせせらぎ、そして美しき鱒たちのその姿に、終始、ワクワク、ドキドキが止まらなかったことも記憶に新しい。

そんなあこがれの対象が、今、僕の日常の一部になった。人生の中では、「あこがれの対象」から「あって当たり前のモノ」になったその瞬間に、ワクワクやドキドキが醒めてしまうことはよくあること。けれども、不思議なことに、僕にとって北海道のフィールドは、常に「あこがれの対象」であり続けている。なぜならそこは、簡単に語りつくせぬほどの多種多様な魅力がギッシリと詰まった、異次元の空間だったから。それゆえ、「あって当たり前のモノ」に成り下がることがなかったというわけだ。そう、かつての僕

トラウトパラダイス北海道

——北の大地に鱒を追う

なんて、北海道のフィールドが持つ圧倒的なポテンシャルに、少しも気づけていなかったのである。

大河、渓流、湿原河川、カルデラ湖、リザーバー……。北の大地、北海道には、たった一度きりの人生なんかじゃ踏破できないほどの、無数のフィールドが点在している。そしてもちろんそこには、たくさんの鱒たちが棲息しているのだ。だから、ちょっとだけ〝浮気〟して場所を変えてみてもいいし、狙うターゲットを変更してもいいだろう。Aプランがダメなら、Bプラン。そんなプラン変更が気軽にできてしまうのも、ここ北海道ならではのことなんじゃないだろうか。

ただ最低限、狙いたい鱒の素性くらいはちゃんとおさえておきたいところ。

そこで、Chapter 1では、北海道に棲息する魅惑の鱒たちについて、簡単に紹介しておくことにしたい。魚種は同じでも、管理釣り場の魚とは完全に別物。北の大地のスタンダードは、すべてがそこからはじまる。だから、予断を持たずに目を通してもらうことで、きっと新たな発見があるはず。「誰よりもデカい魚を！」みたいにあまりガツガツしないで、少し肩の力を抜いてのんびりと読み進めてもらえたらうれしい。

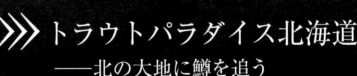

Trout Paradise HOKKAIDO

1

水辺のカムイ

イトウ

Parahucho perryi

主な棲息地：猿払川《さるふつがわ》、朱鞠内《しゅまりない》湖《こ》、天《て》塩川《しおがわ》、

釧路川、かなやま湖、尻別川《しりべつがわ》など

正面からのアングル
「ブサかわいい」と形容したら、
イトウに怒られるだろうか

これで103cm
このサイズでも十分すぎるほどの迫力がある

眼光鋭い95cmクラス
このサイズになるとさすがにイイ表情をしている

これが112cmのド迫力
「水辺のカムイ」と呼ぶにふさわしい圧巻の存在感だ

シルバーメタリックの50cmクラス
下流域にはこんな銀ピカのイトウもいる

40cmクラスの若魚
まだまだ表情にあどけなさが残る

ビジュアル・表情
常識破りのブサイク顔

「鱒」と聞いて多くのアングラーが思い浮かべるのは、キリリと引き締まった端正な顔立ちや流線型の美しいプロポーションなんじゃないだろうか。ところが、ことイトウに関しては、そんな一般的な常識など、まるであてはまらない。

特に、体長が80cmを超えるくらいにまで成長すると、まるで、もぐらたたきのハンマーで上から押しつぶされたかのように、頭の形がどんどん扁平になってくる。そうなると、いよいよブサイク度はMAXに到達。「端正」というよりも、むしろ、ちょっとばかりユーモラスな雰囲気さえ漂わせるのである。

それでも90cmを超えてくると、その表情から幼さは消え去り、周囲を威圧するような風格がだんだんと備わってくる。立ち振る舞いは威風堂々としていて、時に大胆不敵。イトウは、このくらいの大きさに成長してはじめて、「水辺のカムイ」と呼ぶにふさわしい存在感を放つようになるのだ。

ここから先、イトウはセンチ刻みでその存在感を高めていく。100cmと110cmでは、その存在感の大きさはまったくの別物と言ってもいいだろう。ただ、その10㎝の「違い」を、言葉でうまく表現するのはとても難しい。たった10㎝、されど10㎝。その「違い」の本質は、珠玉の一尾を手中に収めた者だけが知る「第六感」でしか、おそらく共有することが困難なのではないだろうか。

運動能力
なによりパワーが自慢

イトウは、体長がおよそ20㎝を超えるくらいになる頃から、積極的にベイトフィッシュを追い回すようになる。そこから、だいたい体長50〜60㎝になるまでは、ガンガン瀬で平然とベイトフィッシュを捕食していることもめずらしくなく、ほかの鱒と比べても極端に運動能力が見劣りする印象はない。

ところが、さらに成長を続け、80㎝を超えるようなサイズになると、小回りが利きづらくなるのと同時に、加速性能にも陰りが見えはじめるようになる。実際に体感してもらえばわかるのだが、ヒット直後は、ただ首振りを続けるばかりで瞬間的なスピード感に乏しく、簡単に「獲れる」と勘違いしてしまうことも多い。

ところが、サイズが大きくなればなるほど、強靭なトルクと粘り強さにどんどんと磨きがかかってくるのは、むろん当然のこと。ひとたび疾走を始めた大型のイトウは、まるで加速がついたダンプカーのような勢いでアングラーを翻弄し続ける。天塩川本流のような、重くて押しの強い流れの筋なんかに突っ込まれようものなら、ラインをすべて引き出されてしまうことだって現実に起こりうるほどの、凄まじいパワーの持ち主なのだ。

パワーが売りの大型魚であっても、時に激しいジャンプを見せる個体もいる。大型に成長してもなお、瞬発力が衰えない「強い」個体も実在するということなのだろう。そんな個性派ぞろいであることもまた、多くのアングラーが「イトウ」という魚の魅力にとりつかれてしまう理由のひとつじゃないかと思ったりもする。

「国内最強の鱒」と呼ぶにふさわしい圧巻のファイトを披露するようになるのは、だいたい100㎝を超えたあたりから。これが、イトウの潜在的な運動能力を語るうえでの、ひとつの目安になってくるのではないだろうか。ここから先の感覚は、巨大魚と一本の細いラインでつながった者だけが知る、いわば聖域みたいなもの。皆さんにも、その未知なる感覚を、是非一度は体感してもらいたい。

メータークラスの強烈なファイト
ここまで寄せても油断はできない

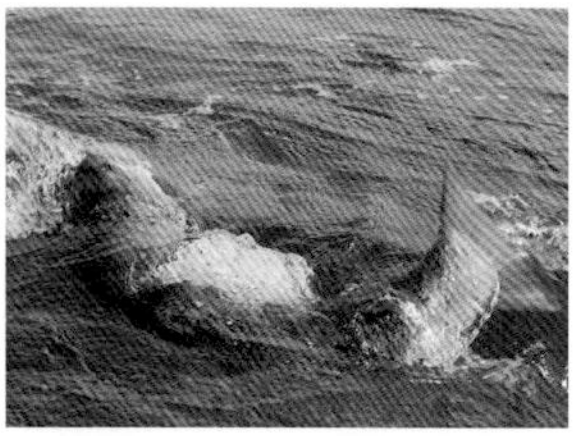

超ド級が見せた最後の抵抗
湿原河川に迫力の轟音が響き渡る

天塩川下流域のイトウは太い胴回りが特徴
鋼のようなカラダ全体を使って、必死の抵抗を繰り返す

スーパージャンプ！
ここまで運動神経抜群のイトウもめずらしい

ぬぼーっとした表情のイトウ
あんまり賢そうには見えない！？ それでもコイツは、ずいぶんと慎重にバイトしてきた

天塩川中流域の頭脳派
しばらくはルアーに視線を送るだけで微動だにせず。ルアーがイレギュラーな動きを見せた瞬間、突如として襲いかかった

頭脳
馬鹿にできない高い学習能力

一般的にイトウは、「警戒心が薄く、学習能力も高くない」と評価されることも多い。直感的には、僕もその評価に概ね同意せざるをえないのが正直なところだ。

けれども、プレッシャーの高い特定流域には、そんな単純な「ものさし」なんかでは測れないほど賢い個体もいる。「どうせイトウは頭の悪い魚だから、北海道に行けば簡単に釣れるだろう」なんて甘く見ていると、必ず痛い目に遭うに違いない。目の前にルアーやフライをキャストする人間がいることを悟っていながらも、そんなことはまったく意に介さず、リアルベイトのみをきっちりと見分けて捕食する。そんなクレバーな奴を、僕は畏敬の念を込めて「天才クン」と呼び、一目置いている。

もし仮に、「警戒心が薄く、学習能力も高くない」のがイトウの遺伝的特徴であったとしても、その個体を取り巻く外部環境に応じてイトウは確実に学習し、どこまでも賢くなり続ける。長い期間、彼らの近くに身を置いている者なら、皆、そのことをよく知っているはずだ。運動能力の面だけでなく賢さの部分でも、とにかく個体差が大きい。これもまた、イトウが多くのアングラーの心を惹きつける理由のひとつなのであろう。

とかく、大きさばかりが強調されがちな魚、イトウ。けれどもその実体は、単に「大きい」だけでは語りつくせないほどの魅力にあふれている。いまだ種としての素性は、神秘のベールに包まれたまま。その「ちょっとよくわからない」ところが、彼らの魅力をよりいっそう際立たせているのかもしれない。

サイズ
1mはめずらしくない!?

普段自然体で釣りをしていて、年間に30尾以上のイトウをキャッチしたとすれば、サイズのアベレージは概ね50㎝台半ばあたりに収束していく。川の上流域から下流域まで偏りなく巡って、標本数が増えれば増えるほど誤差は小さくなり、だいたい53㎝あたりに着地することが多い。

ところで僕には、２０１１年と２０１２年の2年間、大型のイトウだけにターゲットを絞り込んで釣行に挑んだ経験がある。

結果、２０１１年は28尾、２０１２年は33尾と、キャッチしたイトウの数は例年の1/3～1/4程度にまで減ったものの、アベレージはどちらの年も88㎝と一気に大型化。２０１１年は１００㎝以上が9尾で最大サイズが１１３㎝、２０１２年は１００㎝以上が11尾で最大サイズが１１２㎝と、期待を上回る成果を得ることに成功した。釣果データが2年続けて同様の傾向を示したことは極めて重要な客観的事実であり、一定の再現性が確認できたという意味で大きな収穫になったと個人的には捉えている。

一般的に「メーターオーバー」のイトウがアングラーの間で神格化されている印象もあるが、確かにその老獪なファイトは、90㎝台のそれとは明らかに別格。ただその一方で、次ページのデータを見れば、１００㎝をちょっと超える程度の個体はさほどめずらしくないこともわかる。希少ではあるが、神格化されるほどに特別感があるわけでもない。これが現実なのだ。

ではなぜ、「メーターオーバー」がそこまで極端に持ち上げられ、神格化されてしまうのだろうか。背景にあるのは、釣り関係のメディアやＳＮＳで発信される情報に仕込まれた、ある種の印象操作なんじゃないかと僕はにらんでいる。

本来、希少な魚に関する情報は、より正確であるべき。「１００㎝のイトウがど

銀色に輝く魚体
まばゆいばかりの輝きを放つイトウ。これがグッドコンディションの証し

存在感抜群の大きな胸ビレ
個々のパーツが巨大。これもイトウらしさのひとつ

イトウの釣果データ（2011〜2013年）

注）2011、2012年はターゲットを大型魚のみに絞り、2013年は自然体で釣行に出かけた結果

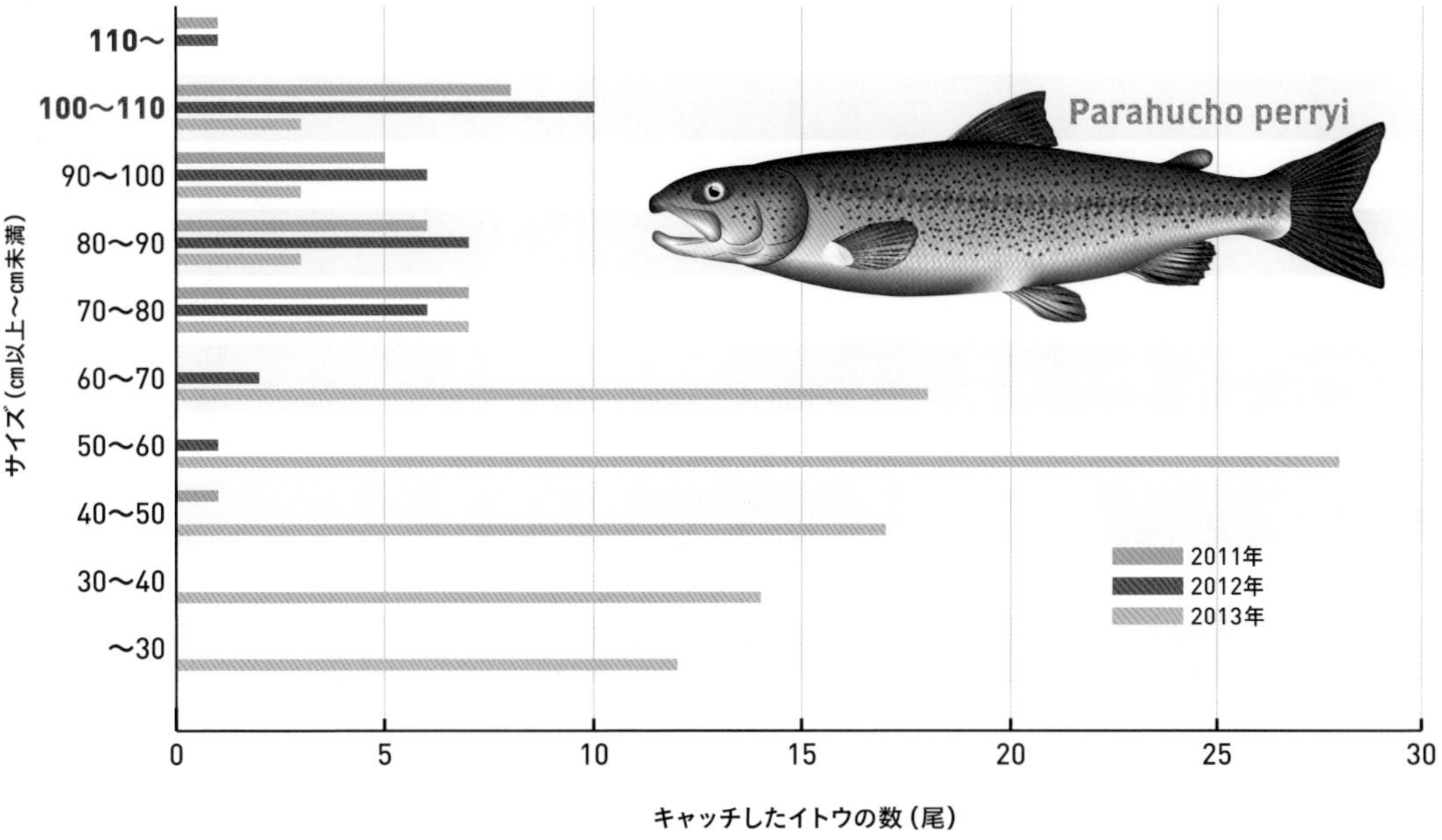

メータークラスの鱗
迫力満点！ でも、もっと上があることも忘れずに

1mをちょっと超えたくらい
たしかにデカいが、驚くようなサイズでもない

60cm台後半
アベレージを余裕で上回るサイズだが、顔つきにはまだ幼さを残す

れくらい希少であって、どれほどの価値があるのか」というひとつの問いに対し、いまの時代を生きる僕たちアングラーは、客観的事実に基づいて、ものごとを冷静に評価する目を養っていく必要があるのだろう。「メーターオーバー」をいう煽情的な言葉の響きに、過度に引きずられることなく……。

ただし、「110㎝オーバー」となるとさすがに事情は異なり、出逢いの機会は極端に減る。僕自身、前記の2年間に運よく110㎝超えを2尾キャッチすることに成功したが、その分を含めてもこれまで合計4尾にしか出逢えていない。あくまでも個人的な見解ではあるが、この事実をひとつの目安とすれば、「110㎝オーバー」は本当に希少な存在であると言えるのかもしれない。

ちなみに僕がフィールドで泳ぐ姿を確認した最大のイトウは、つい最近までおよそ125㎝であったが、2019年の秋に目撃した個体は、それを確実に凌駕するサイズであった。それでも経験的に言えば、国内で2mというのはもはや都市伝説のレベルであって、150㎝でもやや盛りすぎ。130㎝は今でも十分に現実的な数字で、あえて夢を語るなら140㎝あたりがいいところではないだろうか。

年齢
寿命の長さは特筆もの

かつて、キャッチした100㎝を超える大型のイトウ数尾から自ら鱗を採取し、研究者に分析を依頼。耳石《じせき》を顕微鏡で観察する方法によって、おおよその年齢を推定してもらったことがある。

僕が出逢った最大魚である116㎝は17歳、サンプルの中でもっとも若かったのは103㎝の13歳であった。116㎝は、「もしかしたら20歳以上か」とにわかに期待したが、然《さ》にあらず。いかにイトウが長生きする魚だとしても、20年以上にもわたって道北の厳しい自然環境の中で生き続けるのは、決してたやすいことではないんだなぁと、痛切に思い知らされたものである。

また、これらのデータから、イトウは棲息する環境によって、成長スピードに大きな違いがあるらしいことがうかがわれた。僕が訪れるフィールドの中では、天塩川に棲息する個体が他の河川の個体よりもどうやら成長が早いらしい。なお、尻別川のイトウについて個人的なデータの蓄積はないが、学術的な研究結果から、他の河川の個体よりも成長が早いことが報告されている。

ただし、イトウの年齢については、僕のチャレンジでは標本数が明らかに不足しており、再現性の担保が不確実。そのため前述の見解は、おおよその傾向として理解するにとどめるべきであることを補足しておきたい。

自己記録の116㎝
110㎝を超えるイトウはさすがにレアだ。
ちなみに、この魚で推定年齢は17歳

80cmクラスの背ビレ
立派には違いないが、まだ迫力不足の感も

童顔のメーターオーバー
101cmあるが、魚体が醸し出す雰囲気はまだ若い

年齢を重ねた初冬のビッグサイズ
大きく成長すればするほど、背中の黒点が不明瞭になっていく。これもまた、イトウという魚の視覚的な特徴のひとつかもしれない

2

神秘の魚

ミヤベイワナ

Salvelinus malma miyabei

棲息地：然別湖《しかりべつこ》及び

その流入河川（十勝管内鹿追町《しかおいちょう》、上士幌町《かみしほろちょう》）

ビジュアル・表情

心が震えるほどの美しさ

ミヤベイワナは、オショロコマの亜種。学術的には大枠で同じ分類でも、然別湖に棲むミヤベイワナのビジュアルは、オショロコマの降海型《こうかいがた》であるドリーバーデンに近い。また、オショロコマより大型化することもあってか、表情もやや大人びている印象がある。

一方で、然別湖の流入河川（禁漁）に棲息するミヤベイワナは、一般的なオショロコマとビジュアルに違いがない。ということは、目視だけでミヤベイワナとオショロコマを見分けるのは困難であって、ビジュアルの違いは、棲息環境の違いによってもたらされているものと考えたほうが自然なようだ。

特徴的なのは、然別湖に棲息するミヤベイワナの体色が、底石や湖水の色の影響を受けてブラウン、グリーン、ブルーと変化していくこと。とりわけ湖の水温上昇に伴って、適水温を求め水深10ｍ以下に潜ったミヤベイワナは、背部が徐々に澄んだ青色へと変化していく。

こうした個体は「ブルーバック」と呼ばれ、その感動的な美しさは観る者を魅了してやまない。「鱒」をこよなく愛するアングラーなら誰でも、「ブルーバック」のミヤベイワナに出逢った瞬間、いままで体感したことのないような心震える感覚を味わえるに違いない。

　また秋になると、ミヤベイワナはまったく別の姿を見せるようになる。全身に婚姻色を纏《まと》ったその魚体は、思わず息を呑むほどの美しさ。緑、オレンジ、ピンクと、ド派手な色彩を「これでもか!」と重ね合わせているのに、上品さを失わないことには本当に驚かされる。

　表情も発色も、一尾一尾がなんとも個性的で、観る者を決して飽きさせないのが秋のミヤベイワナの魅力だろう。秋色に染まったミヤベイワナ。その美しさもまた、言葉では簡単に言い表せないほど感動的である。

運動能力
特技はハイピッチの首振り

ミヤベイワナの運動能力は、基本的にオショロコマと大きくは変わらない。だから、なんとなく動きがのんびりとしている印象を受けることもあるだろう。とはいえ、然別湖というフィールドに限れば、一般的なフィールドよりも大型魚の割合が多いこともあって、動きに躍動感のある個体が少なくないのも確か。

　それでも、湖に同居するニジマスやサ

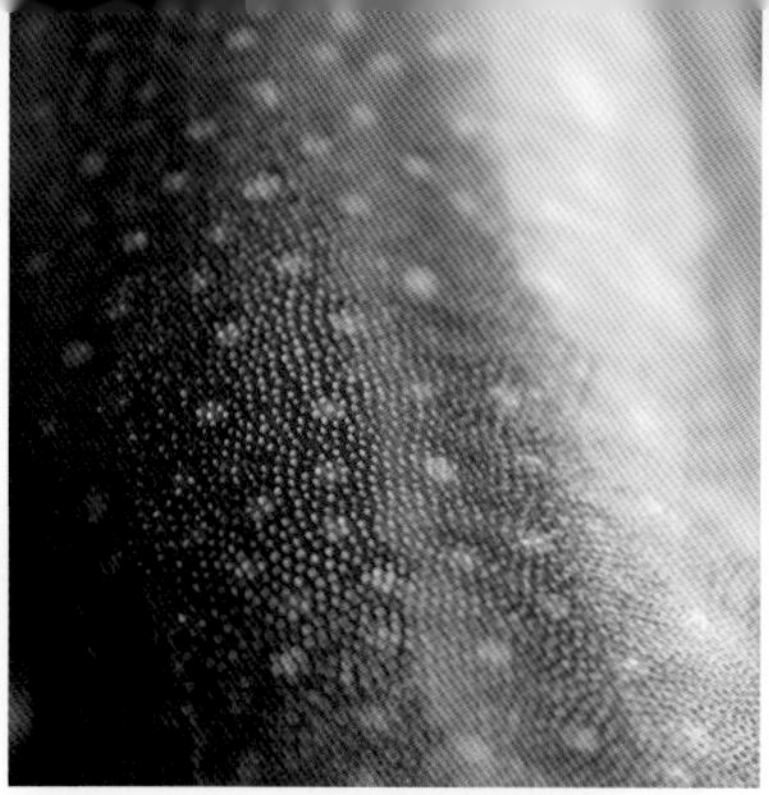

標準的なミヤベイワナの魚体
然別湖でもっとも多く見られるタイプ。シルバーメタリックに輝くそのビジュアルは、一般的なオショロコマの見た目とは明らかに異質だ

ミヤベイワナらしくない雰囲気の個体
川から湖に降ってきたばかりなのだろうか。中には一般的なオショロコマとまったく区別がつかない、こんなビジュアルの個体も然別湖にはいる

心動かされる瞬間
この姿こそがすべて。安っぽい称賛の言葉は似合わない

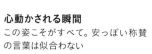

Brown Back

Green Back

Blue Back

クラマスと比較すれば、かなりのんびりとした印象は否めず、ヒット後のファイトに物足りなさを感じることもある。ただし、ネットインがすぐそこまで迫った刹那、勝負どころで繰り出すハイピッチの首振りには要注意。ミヤベイワナと初対戦となるアングラーは、土壇場での必死の抵抗にきりきり舞いさせられることになるだろう。

頭脳
素直、ときどき疑心暗鬼

然別湖に棲息するミヤベイワナは、止水であることや湖水の透明度が高いことも影響してか、一般的なオショロコマよりもルアーに対しての学習能力が高い。

現にアクションが単調なルアーは、動かし方を工夫しないとすぐ見切るし、一流し目と二流し目では魚の反応が明らかに違ってくる。何度も同じルアーにアタックしてくる知床半島の純粋無垢なオショロコマとは、明らかに一線を画していると言ってもいいだろう。

それでも、他の鱒に比べれば口を使わせやすいことは事実で、ミヤベイワナのポジションを正確に把握して、そこにしっかりとルアーを通せれば、ヒットに持ち込むことはさほど難しくない。

サイズ
50㎝が最大クラス

然別湖に棲息するミヤベイワナのアベレージは、およそ30㎝。過去に50㎝を超える大型がキャッチされた実績もあるが、近年は40㎝クラスをキャッチするのも容易ではない。2015年の秋、川を遡上するミヤベイワナを何度か観察したが、群れの中から40㎝オーバーを見つけ出すのは至難の業であった。割合的に見れば、親魚の1%もいないのは確実だろう。

湖では、岸近くのカケアガリに、35㎝を超える大型が居付いているケースをしばしば見かける。その大部分は、茶色い背中をしたいわゆる「ブラウンバック」の個体で、狙って釣れる唯一の大型ミヤベイワナだ。逆に、10㎝クラスの幼魚を湖で見かけることは少ないので、おそらく多くのミヤベイワナは、若いうちは河川で生活し、その後、湖に降りてくるのだと考えられる。

ただし、ミヤベイワナの生態については、未だ謎めいた部分が多く残るため、今後の調査・研究を通じ、その未知なる素性が明らかになることを期待したい。

40㎝に迫るブラウンバック
狙って釣れる唯一の大型がこのタイプ。足元のカケアガリでヒットするのがひとつのパターン

30㎝クラスが連続ヒット
然別湖のアベレージサイズ。シーズンを問わずこのサイズの魚が圧倒的に多い

ブルーと秋色のグラデーションは
レア度MAX

然別湖で最もポピュラーなグリーンバック

ナナカマドの真っ赤な実が彩りを添える

まるで芸術作品のよう磨き上げられた魚体

ほかの鱒にはない唯一無二の美しさ。彩りの鮮やかさはもちろん、洗練されたフォルムもまたたまらない

上品なグラデーションを纏った秋色
息を呑むほどの美しさが、今もなお鮮明な記憶として脳裏に刻み込まれている

神々しさ漂うブルーバック
奇跡的に撮影に成功した貴重なワンカット。フックはすでに口から外れている

ビジュアル・表情

ハイセンスなおしゃれさん

イワナ好きのアングラーなら、ひと目でそのウブな表情に惹かれるはず。愛らしい表情はもちろんのこと、オショロコマ最大の魅力は、ド派手なのに嫌みのないその魚体の美しさである。

オショロコマの英名は、ドリーバーデン。いつも赤玉模様の服を着ているイギリスの少女の名前が語源とされるが、美しいその姿を間近で観たとき、命名者の感性あふれる描写力に感嘆の声を上げずにはいられない。

オショロコマの体側にちりばめられた「赤玉模様」は、その棲息環境によって、オレンジ、レッド、ピンクとさまざまな色彩を放つ。同じ河川、同じ流域の魚であっても、発色の仕方にはっきりとした違いがあるから、観る者を飽きさせることもない。

さらには、腹部が鮮やかなオレンジやイエローに染まった個体も多く、その可憐な容姿にこちらが思わずうっとりしてしまうほど。一尾一尾との出逢いにおいて、これほどマジマジとその姿に見入ってしまう魚は、本当に貴重な存在であると言えるだろう。

3

森の妖精

オショロコマ

Salvelinus malma

主な棲息地：羅臼川《らうすがわ》、十勝川、真狩川《まっかりがわ》、

ほか全道各地の冷水域に広く分布（道南の一部地域を除く）

湧水の川で……

高原の細流で……

苔むした小渓流で……

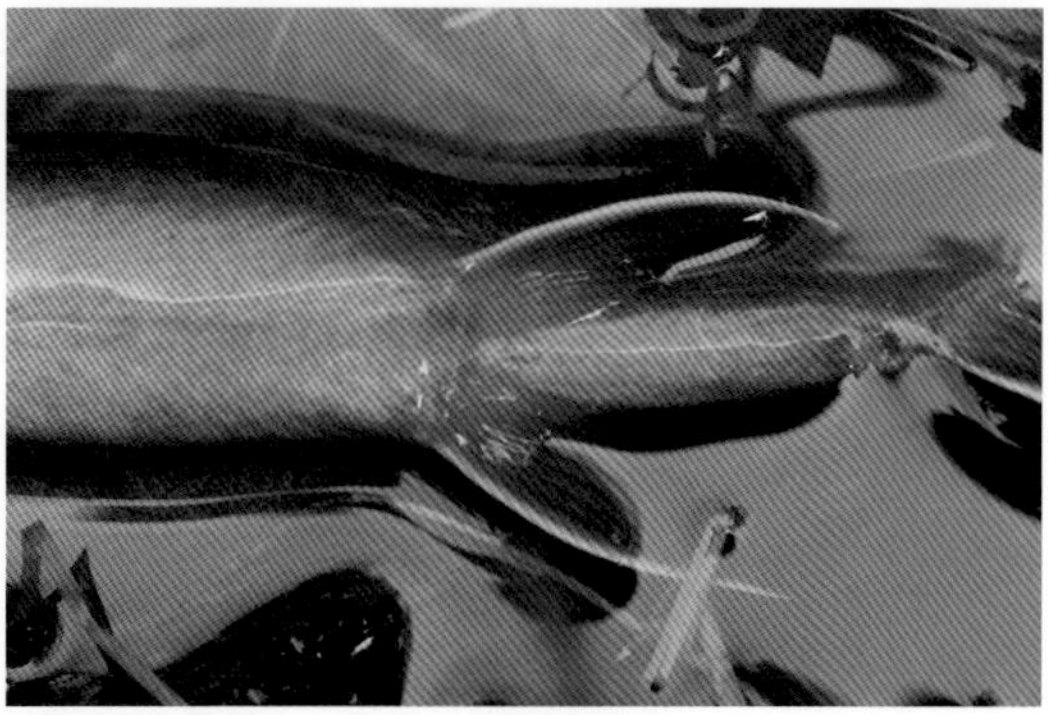

真狩のファイヤーレッド
どうしたらこんなビビッドな発色になるのだろう。この妖艶さこそが、真狩に残された小さな個体群の遺伝的な特徴だ

知床半島のブラッドオレンジ
隣接する河川でも色調は微妙に違う

ニセコのレモンイエロー
瀬戸際に追いやられた貴重な個体群

大雪山系のシルバーグレー
これだけ地味な色調の個体はめずらしい

運動能力
鈍くさいのはご愛敬

魅力的な容姿に目を奪われるオショロコマだが、お世辞にも運動能力が高いとは言えない。

「オショロコマは、ルアーを食べたい。アングラーは、オショロコマを釣りたい」

両者の間に、Win-Winの関係が成立してもよさそうなこんな場面でも、なぜかミスバイトが頻発する。そう、オショロコマの動きがただただ緩慢なのだ。

こんな有り様だから、ルアーをしっかりとくわえることができず、水中でオロオロなんてこともしばしば。でも、そんなオショロコマの様子を観ていると、なんだかこっちがほっこりとした気持ちにさせられるのだから、いやはやなんとも不思議な魚である。

頭脳
純粋無垢で好奇心旺盛

オショロコマの警戒心は希薄で、アングラーがかなり魚に近寄った状態でも平気で口を使う。知床半島を流れる川などでは、足元でルアーを8の字に動かすだけで簡単にヒットしてしまうことも多い。

他方、鱒らしい学習能力は持っていて、何度も同じルアーを見せていればもちろんスレる。それでも、圧倒的に釣りやすい魚であることに変わりはなく、良く言えば純粋無垢、悪く言えば無防備。これが、オショロコマを形容する言葉として、もっともしっくりくるように思える。

サイズ
20㎝クラスでも良型

北海道に棲むオショロコマは、もしかすると基本的に大型に育ちにくい魚なのかもしれない。

多くの河川では20㎝を超えれば十分に良型と言え、アベレージはおおよそ15㎝ほど。棲息密度が濃い場所ほど、魚のサイズは小さくなる。

とは言え、30㎝を超える「尺オショロコマ」も実際には棲息していて、大型になればなるほど表情にも風格が出てくる。稀に降海型《こうかいがた》もいて、中には50㎝、60㎝という大型も混じるらしいが、現認したのは35㎝まで。尺サイズなら狙って釣れるが、それ以上のサイズを狙うとなると、綿密なフィールドリサーチが必要なことはもちろん、少しばかりの運も必要になってくるのかもしれない。

知床半島の泣き尺
比較的魚影の薄い川でヒット。大型は、むしろ河川環境の良くない川ほど多い

十勝川源流の尺上
比較的大型魚が多い流域ではあるが、さすがに2尾揃うのはめずらしい

銀毛オショロコマ
20年以上前に、知床半島の小河川でヒットした。ドリーバーデンと呼ぶにはまだまだか

落ち込みで2連発!

瀬脇で3連発!!

大淵で4連発!!!

センスのいいベッピンさん
色彩のバランスが絶妙。まるで、オショロコマ界のファッションリーダーのようだ

険しい谷に潜んでいた大型
地味な体色に、ド派手なショッキングピンクのアクセサリーがひと際眩しい

4

大地の先住民
アメマス

Salvelinus leucomaenis

主な棲息地：茶路川《ちゃろがわ》、別寒辺牛川《べかんべうしがわ》、後志利別川《しりべしとしべつがわ》、阿寒湖、屈斜路湖《くっしゃろこ》、
ほか全道各地に広く分布

ビジュアル・表情
白い斑点がチャームポイント

ここ北海道では、一般的に、河川残留型のイワナを「エゾイワナ」、その降海型《こうかいがた》や降湖型《こうこがた》を「アメマス」と呼ぶ。

基本的にアメマスのビジュアルは、オショロコマよりも色づかいがかなり地味。海から遡上してきた個体は、どの魚も似たような姿をしていて、ビジュアルだけでどこの河川のアメマスかを区別するのはなかなか難しい。

その中で、通称「金アメ」とも呼ばれる阿寒湖のアメマスは、その魚体を黄金色に輝かせ、容姿は実に特徴的だ。また、過去に阿寒湖からアメマスが移植された経過がある屈斜路湖でも、黄金色の個体をしばしば目にすることがある。

アメマスは大型になると、体側の白い斑点が不規則になりがちで、一部の斑点がドーナツ状になる個体もいる。表情はとても鱒らしく、オスは精悍でメスは穏やか。良くも悪くも、極めて標準的な鱒のいでたちをしていると言ってもいいだろう。

実際のところ、湖や本流域に棲息する魚が「エゾイワナ」なのか「アメマス」なのかを峻別する手立てはなく、道民アングラーの感性で呼び分けているのが実情。良い意味でカッチリとし過ぎず、少しゆるゆるな感じが一般化しているところに、おおらかな道民性の一端が垣間見えて、なんだかちょっと面白い。

運動能力

魅力はトルクフルなファイト

アメマスの運動能力を推し量るには、本州の本流イワナを思い浮かべてもらうといい。スピード感には乏しいが、トルクフルなファイトがその特徴。そんなふうに考えてもらえると、イメージが湧きやすいのではないだろうか。

ただ残念なことに、季節を問わずそのしっかりとした体躯に似合う激しいファイトを見せてくれるかと言えば、必ずしもそうではない。特に産卵の季節となる秋は、まるでボロ雑巾でも引っ掛けたかと思うほど、無抵抗に寄って来てしまうことさえある。

それでも、基本的に大型の個体が多いので、5月から8月のアメマスのコンディションが最高潮に達するタイミングには、ヒット後、大河の流心にズンズンと引き込むような強烈なファイトを見せることもある。「所詮、イワナだ」なんて甘く見

屈斜路湖の80cmオーバー
このサイズになると、魚体の迫力も桁違い。分厚い尾ビレが生み出す推進力は、時にアングラーを狼狽させる

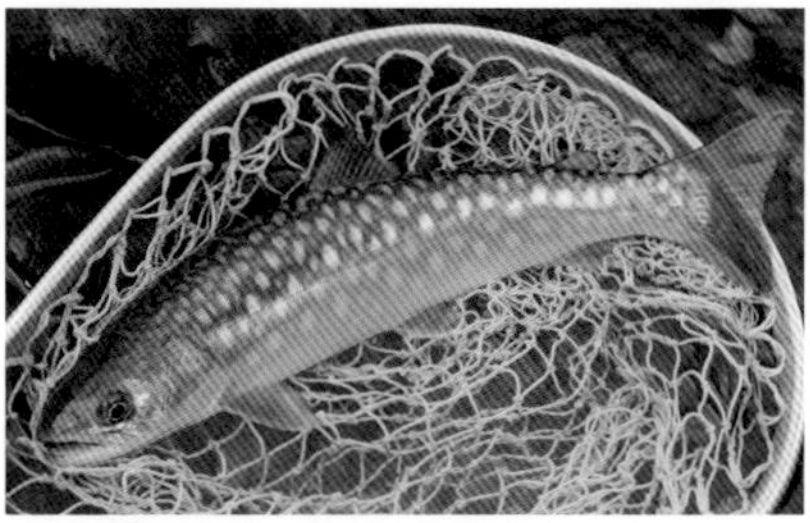

THE 雨鱒
「アメマス」と言って、すぐに思い浮かぶのはこのタイプ

地味で控えめな色調のオス
道内の大河川でよく見かけるのがこのタイプ

通称「金アメ」
阿寒湖、屈斜路湖に多いのがこのタイプ

日高山系のコワモテ
アメマスなのに、よく見るとピンクの有色斑点が……。
胸ビレの黄色い縁取りも激レア

大雪山系の異端児
黄色味の強い体色にガンメタルグレーの顔。
このタイプに出逢ったのは、この魚が最初で最後

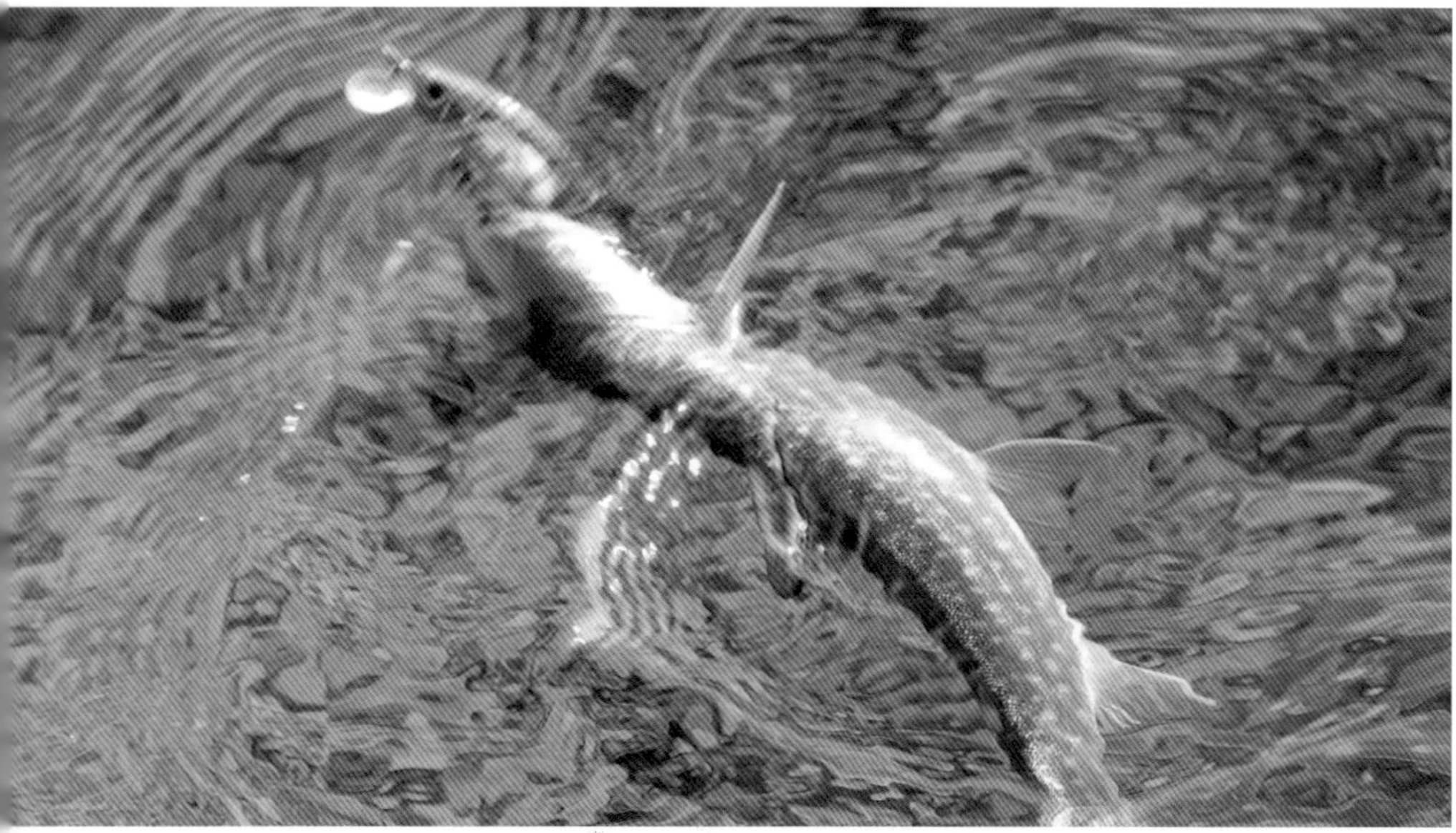

支笏湖の
通称「チビアメ」
多くのアングラーに外道扱いされ、この魚にスポットライトが当たることはほとんどない。でも本当は、特定の流域で進化を遂げた貴重な個体群のように思えてならないのだが……

盛夏の遡上魚
真夏の太陽に照らされて、ホワイトスポットが清々しく輝いている。ピーカンの日に、このサイズに出逢うのは簡単ではない

60㎝クラス
いいサイズだが、表情はまだ優しい

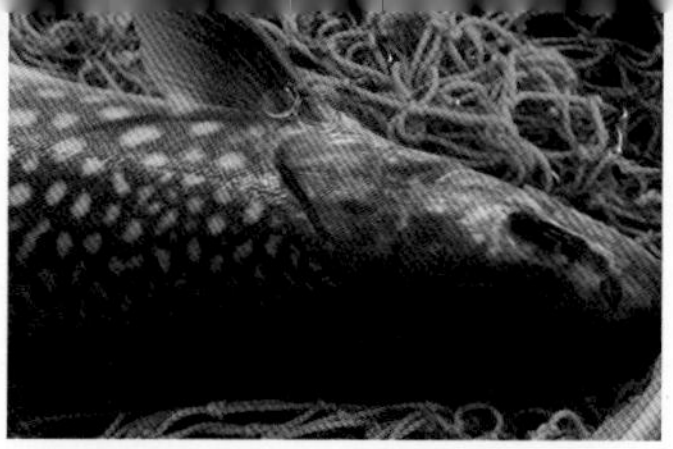

50㎝クラス
これでアベレージを少し超えたくらい

40㎝クラス
このサイズだと、まだおこちゃま

超ド級の80㎝オーバー
さすがにこのサイズは別格だ

本流の77㎝
「ビッグワン」にはもうあと一歩

カルデラ湖の68㎝
このサイズはレアじゃない！？

ていると、痛い目に遭うこともしばしばなのだ。
　特に、海や湖から遡上したばかりの個体は、パワーも瞬発力もイワナ離れしているので、ヒット後はエキサイティングなファイトが楽しめるだろう。

頭脳
遺伝子に刻み込まれた大胆さ

　この魚、通常はあまり神経質な面を見せず、ベイトフィッシュを岸際まで激しく追い回すような大胆さのほうが目立つ。だから正直なところ、取り立てて賢いというイメージはないかもしれない。
　ただし、秋の産卵を意識した個体は相当に神経質で、ルアーに対して一切反応しなくなることも少なくない。また、人為的なプレッシャーが極度に高い水域でも、同様の傾向がみられる。このあたりは、なんとも鱒らしい一面をあわせ持っているとも言えるだろう。

サイズ
50㎝クラスでアベレージ

　アメマスは、もともと降海型の鱒ゆえ、全体的に大型化する傾向が強く、海外ではメータークラスにまで成長する個体もいるようだ。ここ北海道でも、アベレージで40〜50㎝。60㎝クラスもめずらしくない。さすがに70㎝となると簡単に出逢えるサイズではないが、それでも超大型とは言えず、80㎝を超えてようやく「ビッグワン」を名乗っても違和感がなくなる感覚である。
　降海型と同様に、降湖型も大型化する個体が目立つ。支笏湖《しこつこ》や大雪湖《たいせつこ》など小型のアメマスが多いフィールドもあるが、糠《ぬか》平湖《びらこ》やかなやま湖などのいわゆるリザーバーでも、50㎝、60㎝は当たり前。屈斜路湖や阿寒湖では、行き当たりばったりで70㎝クラスをキャッチしてしまうアングラーもいるほどだ。

ベイトフィッシュを丸呑み
こんな状態でルアーにバイトしてくるのだから、カワイイ顔して意外にも大食漢

5

源流の守人

エゾイワナ

Salvelinus leucomaenis

主な棲息地：尻別川《しりべつがわ》本支流、十勝川本支流、石狩川本支流、

ほか全道各地に広く分布

上流域でよく見かけるタイプ
エゾイワナも腹部はオレンジ色に染まるのだ

印象的な尾ビレの発色
鮮やかなタンジェリンオレンジがアングラーの心をくすぐる

ビジュアル・表情
キョトンとした目に癒される

エゾイワナは、アメマスの河川残留型だけあって、そのビジュアルはアメマスによく似ている。それでも、棲息環境によって肌の質感や発色が異なるので、さまざまなフィールドを歩いていれば、多様な姿のエゾイワナを目にすることになる。

本州のイワナと比べてそのビジュアルに決定的な違いがあるとすれば、体側に有色の斑点がないことだろう。ニッコウイワナやヤマトイワナと比べてもらうと、その違いは一目瞭然だ。

大型に成長したエゾイワナの中には、いかつい顔つきをした個体もいるが、どちらかと言えば、キョトンとした目をして愛くるしい表情を浮かべている印象のほうが強い。その点は、本州のイワナと同様のイメージでいいだろう。

運動能力
一般的なイワナと同じ

エゾイワナの運動能力に関して、ニッコウイワナやヤマトイワナとのはっきりとした違いを説明するのは難しい。専門的見地から見れば、何かしらの違いがあるのかもしれないけれど、あえてアングラー目線で言わせてもらうとすれば、無理してまでその違いを見いだす必要はないのかもしれない。

THE エゾイワナ
標準的なエゾイワナのビジュアル

明るい渓のスタンダード
アメマスとの違いを説明するのは難しい

暗い渓のスタンダード
太陽の光が届きづらい場所にこのタイプが多い

閉鎖水域に潜んでいたチョイワル系
海とつながっていない水域にも、こんなワルデカい魚が棲息している。これぞ、北の大地の奥深さ

源流域の超個性派
ねっとりとした独特の質感

頭脳
神経質だけど大胆不敵

基本的にはアメマスと同じで、神経質でありながら、時に大胆不敵。加えて言うなら、アメマスと比べてより本能的な個体が多いかもしれない。

サイズ
細流にも潜む50㎝クラス

概ね、30㎝で大型。この点、本州の尺イワナと似たような感覚でいいだろう。ただ、圧倒的なポテンシャルを秘める北の大地のフィールドには、50㎝を超えるような大型も数多く棲息している。水量豊富な本流に大型魚が多いことは、誰でも容易に想像できるのだが、川幅1mに満たないような小渓流にも、ビックリするようなサイズの魚が棲息していて驚かされることも多い。

そんな小渓流に棲息する大型エゾイワナの行動は、実に勇壮果敢。時には水面から背ビレを出し、まるでシャークのような勢いでルアーに襲いかかるのだから驚く。そんな野生の本能丸出しの行動を目のあたりにすれば、アングラーの心が大きく揺さぶられるのも必然だろう。

尻別川本流の50㎝に迫る大型
ここではめずらしくないサイズ

空知川水系の35㎝クラス
独特な艶めかしさを漂わせるイワナであった

各パーツも出色の美しさ
しっとりとした質感に思わずうっとりとしてしまう

色彩のグラデーション
ここまで青色が濃い個体は稀有。できることなら、ずっと眺めていたかった

6

銀色の弾丸

サクラマス

Oncorhynchus masou

主な棲息地：支笏湖《しこつこ》、洞爺湖《とうやこ》、然別湖《しかりべつこ》、

その他、全道各地のリザーバーなど

ビジュアル・表情
惚れ惚れする凛々しい顔つき

ランドロックサクラマスについては、北海道と本州で基本的な違いはないと考えてもらっていい。

ただここ北海道には、フィールドの環境が健全に保たれ、多くの水生動物を育む湖が多い。それゆえ、ベイトを飽食して驚異の体高を誇る「イタマス」へと成長した個体は、とびきりパワフルなファイトでアングラーを楽しませてくれる。

シルバーメタリックに輝く回遊型の魚体は、湖の芸術品とさえ言えるだろう。キリっと引き締まった表情も、凛々しくて実に印象的だ。

秋になると、サクラマスの装いにも変化が見られるようになる。ほんのりと浮かび上がったピンクの婚姻色は、言葉にならないほどの美しさ。秋色に染まったサクラマスの姿にうっとりとしてしまうのは、きっと僕だけではないだろう。

運動能力
俊敏性はピカイチ

サクラマスのファイトは、いわゆる「ローリング系」。それは、ここ北海道でも変わりはない。

ニジマスと比べて、パワーとスピードの両面で見劣るのは事実だが、ルアーにコンタクトする際の俊敏性には目を瞠《みは》るものがある。ヒットした幅広のサクラマスが「ギラッ、ギラッ」と水面近くで身を翻すシーンに遭遇すれば、トラウトアングラーなら誰でも、アドレナリン全開となること間違いなしだ。

頭脳
学習能力が高くクレバー

とても「賢い魚」というイメージが強いサクラマスではあるが、北の大地では、どちらかというと大胆さのほうが際立っている印象が強い。そんな印象を抱く理由のひとつが、メインフィールドが止水であるということ。この点にフォーカスしてみると、サクラマスの賢さにスポットライトが当たりにくい背景が、ぼんやりと浮かび上がってくる。

「目に見えないだけで、賢くルアーを見切っている個体も少なくないはず」

このような可能性を無視して「北海道のサクラマスは、本州と比べて大胆だ」と安易に断じるのは、かなり危うい帰結のようにも思える。やっぱり、サクラマ

湖で撮影した水中画像
サクラマスの魅力は、キリリと引き締まったその表情。その眼光の鋭さに、思わずドキッとさせられる

いかつさ満点の顔つき
鋭く尖った歯が、とても印象的な個体だった

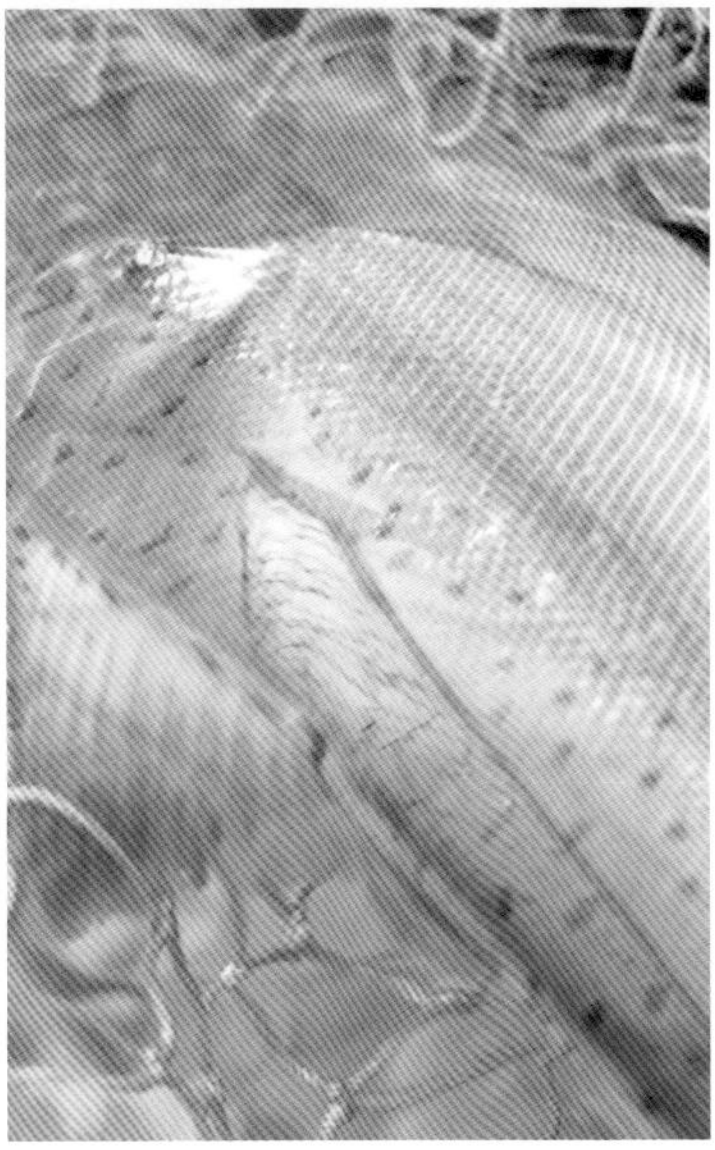

支笏湖のグリーンバック
湖水の色によっては、こんな色合いに

スはサクラマス。たとえ棲息する地域が違っても、持って生まれた「賢さ」が簡単に色褪せることなどありえないのだ。

サイズ
60cmクラスの期待も大

本州のフィールドと同様に、ここ北海道でも20cmクラスの「銀毛ヤマメ」もたくさん見られるが、大型のものでは、実際に70cm超の個体も確認されている。

アベレージサイズは、然別湖で30cm、洞爺湖で50cm程度と、フィールドによる差が大きい。ただ、然別湖にも60cmオーバーが棲息しているし、逆に洞爺湖で30cmクラスが釣れることもあるから、それもまた面白い。

また洞爺湖や支笏湖には、まるでヘラブナのような体型をした雄々しくてカッコいい個体が棲息する。「魚には、大きさだけでは測れない価値がある」とはよく言ったもの。「カッコいい」の価値が、「魚の大きさ」という価値を凌駕《りょうが》するなんて言おうものなら、ひと昔前だと、誰にも相手にされなかっただろう。そういう意味では、僕たちアングラーの感性も、時代とともに少しずつ磨かれてきているのかもしれない。

注）本書では、海との往来が遮断された閉鎖的水域に棲息する湖沼型ヤマメを「サクラマス」または「ランドロックサクラマス」として紹介しています。

秋色に染まった然別湖のビッグワン
この上品な雰囲気がアングラーの心をくすぐる

洞爺湖の50㎝クラス
体高がある分、サイズ以上の迫力を感じさせる

支笏湖の70㎝に迫る大型
この魚は、何の躊躇もなくルアーをひったくっていった

7

渓流の女王

ヤマメ

Oncorhynchus masou

主な棲息地：尻別川《しりべつがわ》本支流、貫気別川《ぬきべつがわ》、遊楽部川《ゆうらっぷがわ》、西別川、ほか全道各地に広く分布

ビジュアル・表情

女王の名に恥じない気高さ

北海道では、経済的価値の高いサクラマス資源を安定的に維持していくため、ヤマメの稚魚放流が各地で積極的に行われている。その一方で、遊漁目的の成魚放流が行われている河川はほぼ実在せず、多くの河川で天然魚と準天然魚の混生となっているのが実態だ。

そんな背景もあって、ヒレが擦り切れたり欠損したりしている個体が釣れることはまずない。釣れてくるヤマメのほとんどが、きめの細かい上品なビジュアルをしているのだから、ある意味、とても贅沢な環境であるとも言えるだろう。

そしてもうひとつ、北海道のフィールド独特の事情がある。それは、メスのヤマメの多くが降海型《こうかいがた》として海に降ってしまうため、河川残留型のほとんどがオスだということ。その影響か、サイズは小さくても、精悍な顔つきをした個体が多いという特徴的な傾向がうかがえる。

運動能力

磨き上げた瞬発力

ヤマメのファイトは、サクラマスと同

様にいわゆる「ローリング系」。力感はなくても、小気味のよいファイトが病みつきになる。

　また、餌を摂る時のすばしっこさは、他のどの鱒にも負けない。川を渡渉するときによく魚影が走ることがあるけれど、そのスピード感を見れば、すぐにそれがヤマメだと確信できるほどのズバ抜けた瞬発力を誇っている。

頭脳
神経質で超繊細

　頭脳に関しては、とても「賢い魚」というシンプルな評価でいいだろう。

　ヤマメ、エゾイワナ、ニジマスの混生域で、もっとも釣りづらいのはヤマメ。いかに魚影の濃い河川が多い北海道といえども、攻略の糸口すら見いだせないことも日常茶飯事なのだ。

　さらに悩ましいのは、北海道は季節の進行速度が極端に速く、「先週は通用したパターンが、今週はまったく通用しない」なんてこともしばしばだということ。ただでさえ賢い魚が、時々刻々と変化するフィールドコンディションに順応しながら捕食行動を変えていくのだから、それにアングラーがアジャストするのは、決

ミノーにバイトした秋色
中型でも顔つきは立派な大人

グッドコンディションの良型
「渓流の女王」の名にふさわしい見事な魚体

精悍な顔つき
北海道のヤマメらしさを凝縮したような個体

胆振《いぶり》の渓のツーショット
魚影が濃くても、連発はめずらしい

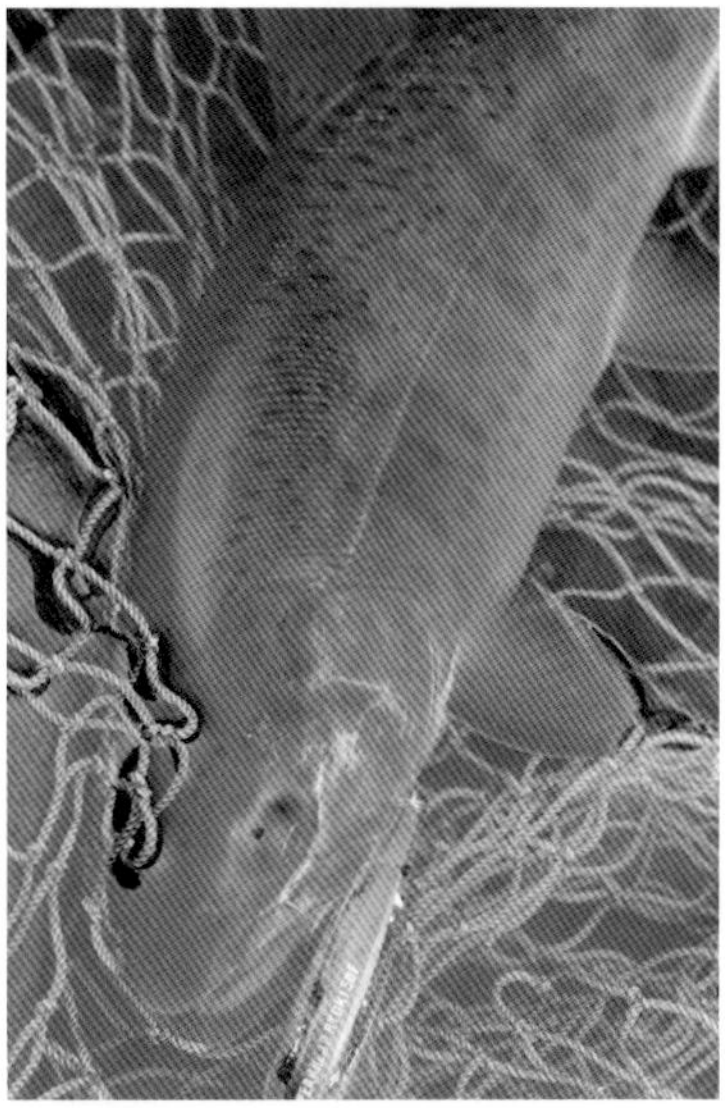

後志《しりべし》の渓のツワモノ
コイツは、ギリギリまでルアーを見極めていた

渡島《おしま》の渓のやんちゃ坊主
いつも小気味の良いファイトで楽しませてくれる

して簡単なことではないのである。
本州よりも、北海道のフィールドを攻略するほうが難しい。そんな厳しい現実を突き付けられる場面も、もちろんある。そう、北の大地のヤマメ釣りには、時に想像以上の繊細さが要求されるのだ。

サイズ

なかなか出逢えない尺ヤマメ

本州では、盛期になれば30㎝くらいのヤマメは普通に釣れるし、鬼怒川や桂川のように鮎を捕食して大型化する個体が多いフィールドでは、40㎝オーバーのいわゆる「ハイパーヤマメ」に出逢えるチャンスも少なくない。

けれどもここ北海道では、大型化しやすい傾向のあるメスがほとんど河川に残っていないこともあって、全体的にヤマメのサイズは控えめ。25㎝でもかなりの良型で、尺となると、特定の河川の特定の流域をシーズン通して撃ち続けない限り、狙って釣るのは難しい。

本州で40㎝オーバーをキャッチするよりも、北海道で尺ヤマメをキャッチするほうが圧倒的に難しい。これが、両方のフィールドを知るアングラーとしての、正直な肌感覚である。

優等生を思わせる規則的なパーマーク

野生を感じさせる乱れたパーマーク

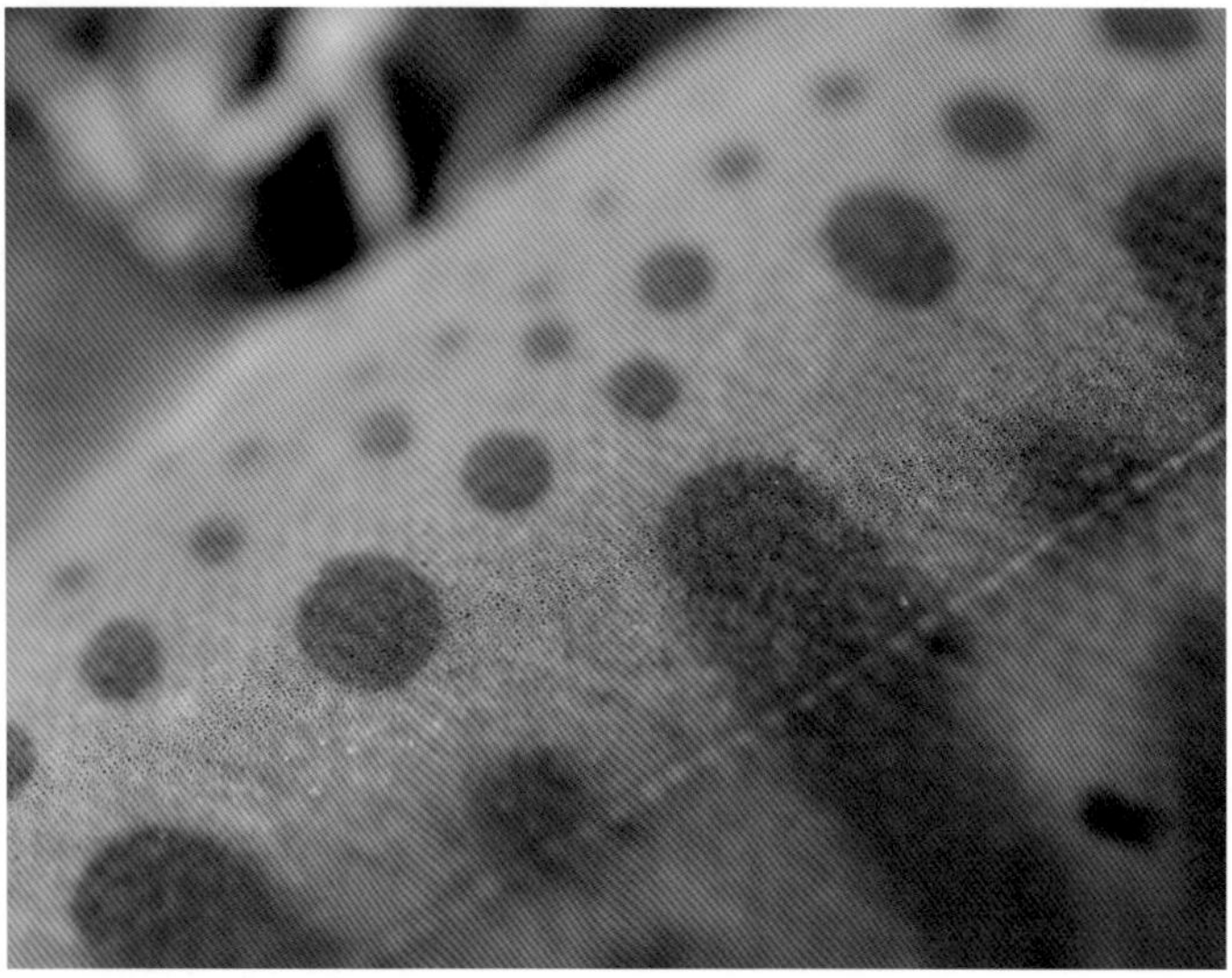
深みのある色合いが艶かしい

バランスの取れた美形

透き通るような肌をした超絶美人
桜の花びらの形をしたパーマークが、なんとも印象的な美形ヤマメであった（尻別川）

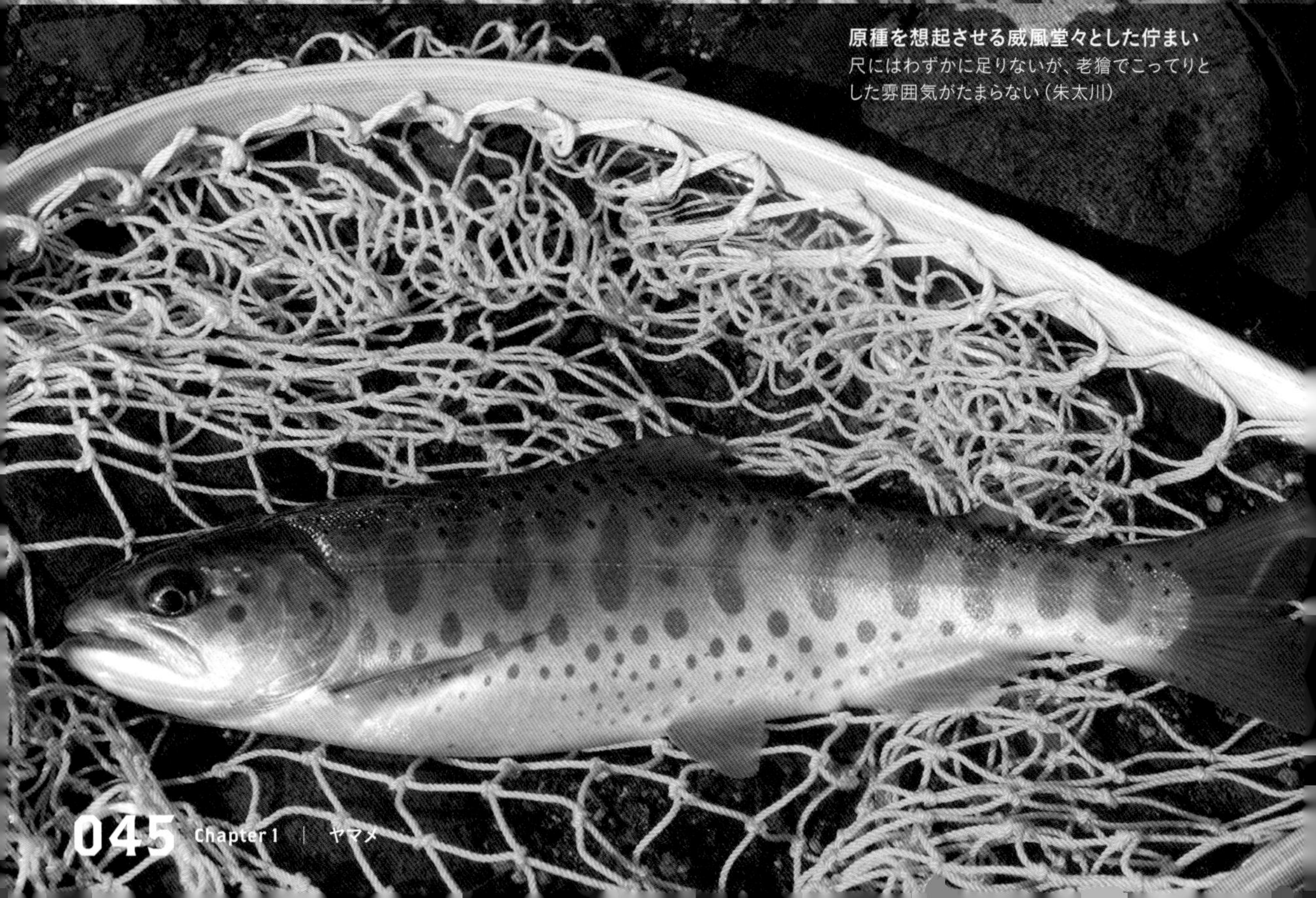

原種を想起させる威風堂々とした佇まい
尺にはわずかに足りないが、老獪でこってりとした雰囲気がたまらない（朱太川）

8

原色のビジュアルクイーン

ニジマス

Oncorhynchus mykiss

主な棲息地：天塩川《てしおがわ》、十勝川、石狩川、湧別川《ゆうべつがわ》、支笏湖《しこつこ》、洞爺湖《とうやこ》、屈斜路湖《くっしゃろこ》、ほか全道各地に広く分布

ビジュアル・表情

鮮やかなレッドバンド

ここ北海道には、自然繁殖によって世代交代を繰り返したニジマスが数多く棲息している。「ワイルドレインボー」という言葉の不思議な魔力に、ついメロメロになってしまう鱒フリークも少なくない。

本州でいわゆる「ヒレピン」に出逢うのは容易ではないが、こちらではほとんどの魚がヒレピン。一部の河川や湖を避ければ、ヒレピンのニジマスに比較的簡単に出逢うことができる。

手つかずの大自然の中で育まれたワイルドレインボーは、英名「レインボートラウト」の名に恥じないほどカラフルな色彩を身に纏《まと》う。特に「レッドバンド」と呼ばれる体側に浮かんだ鮮やかな赤色の帯は、これが淡水魚の色かと疑いたくなるほどビビッドで、その美しさは僕たちアングラーの心を魅了してやまない。

完全無欠のヒレピン
これが北海道スタンダード

ニジマスのレッドバンド
ビビッドな発色には、いつも
本当に驚かされる

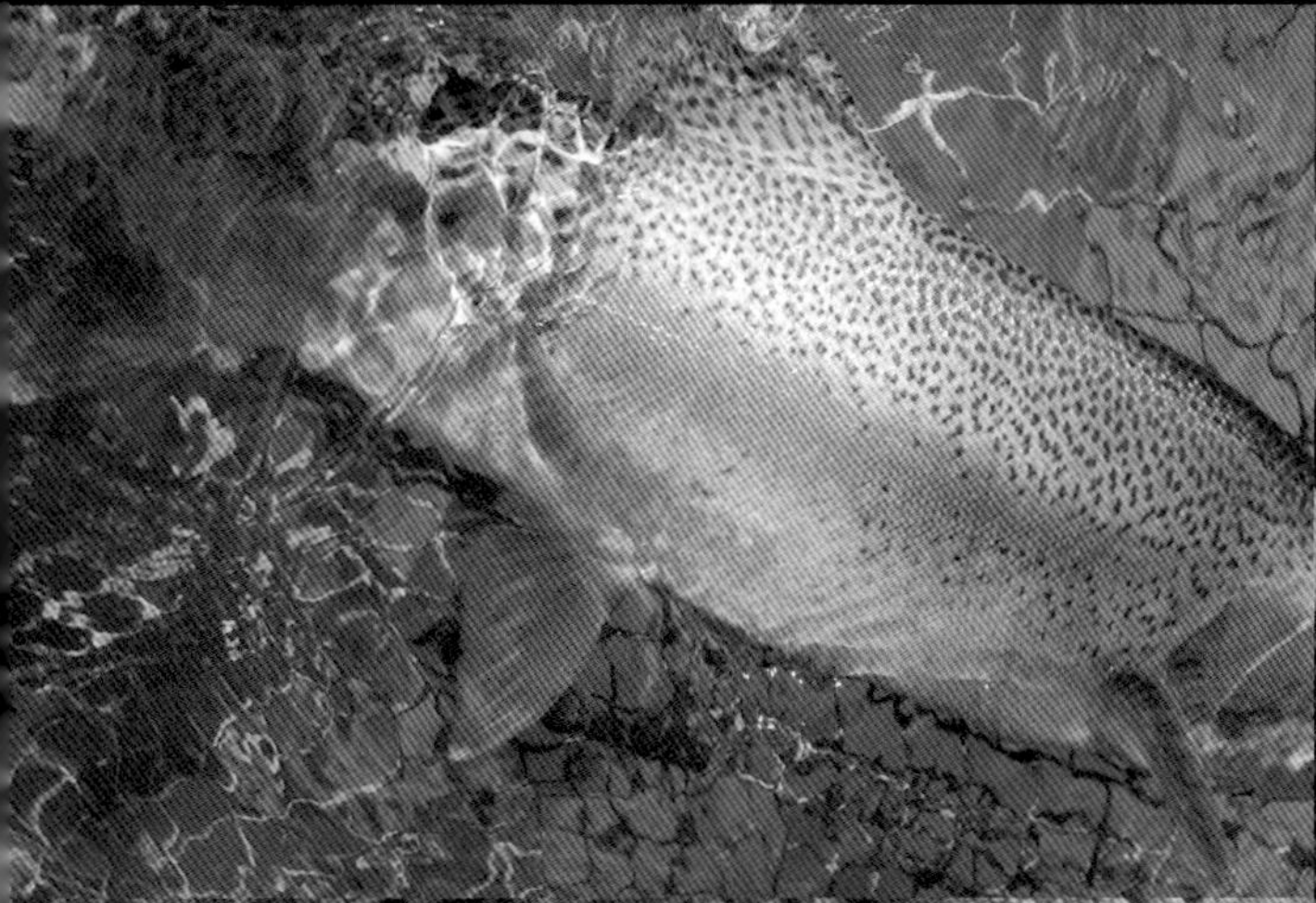

「ニジマス」という魚もまた、他の鱒たちと同じく、棲息環境によって体色に違いが生じるようだ。湖を回遊するニジマスは、キラキラと輝くシルバーメタリックに魚体を装飾されていることが多く、反面、湖でも岸沿いのシャローエリアに居付く個体や、薄暗い小河川に棲息する個体では、落ち着いたトーンの体色と鮮やかなレッドバンドのコントラストが際立つといった具合である。

またその表情に、個体差が大きいのも面白い。鋭い眼光でアングラーを威圧する「チョイワル系」もいれば、つぶらな瞳で愛くるしい表情を浮かべる「癒し系」もいる。一尾一尾のビジュアルや表情に違いがあるところも、多くのアングラーがワイルドレインボーに惹きつけられる要因のひとつであると言えるだろう。

運動能力

真のスピードファイター

道産子アングラーには、とにかくニジマスフリークが多い。北海道には、イトウやオショロコマなどの在来種が広域に棲息しているにもかかわらず、である。

もちろん、その理由は明快。北海道のニジマスは、その魚体の美しさもさることながら、パワーとスピードを兼ね備えた爆発的な運動能力を誇っている。フィールドに響き渡る金属的なドラグ音は、アングラーを瞬時に「動揺」させ、何もできないままラインテンションが消えてしまうことも……。ひとたびそんなやり取りを体感すると、その瞬間から「ニジマス中毒」を発症するアングラーも少なくないというわけだ。

ニジマスは、北海道に棲む鱒の中で、No.1のスピードファイターであると断言してもいいだろう。皆さんにも、管理釣り場の「ニジマス」との違いを、是非一度は体感してもらえたらと思う。

頭脳

感情の起伏が大きい気分屋

基本的に大胆でやや慎重さを欠く行動が目立つニジマスは、比較的ヒットまで持ち込みやすい魚種。特に中・小型魚であれば、かなりハイプレッシャーな状況下でも、手を替え品を替えアプローチすれば、なんとか口を使わせることができてしまう。

だが年齢を重ねた大型魚は、さすがに一筋縄ではいかない。老獪で、賢いのだ。口を使わせるだけでもひと苦労なのに、

チョイワル系
実にワルそうな顔つきだ

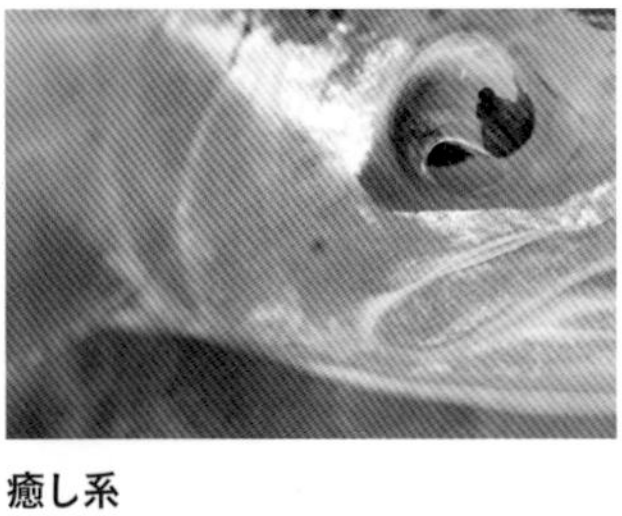

癒し系
優しそうな目つきについ癒される

屈斜路湖のシルバーメタリック
ニジマスの魅力は、鮮やかなレッドバンドだけではない。こちらも非の打ち所のない美しさ

天塩川下流域のスチールヘッドタイプ
スチールヘッドの確証こそないものの、そのパワーとスピードは別次元だった

異様なほど発達した尾ビレ
これが圧倒的なパワーとスピードの原動力となる

蘭越地区の「流線型」
瞬発力には目を瞠るものがあった（尻別川）

風連地区の「ヘラブナ型」
そのファイトの強烈さは尋常でない（天塩川）

首尾よくヒットまで持ち込んだとしても、まるですべてを心得ているかのようにアングラーが望まぬ方向へと一気に爆走していく。こうなると、アングラーはもはやなす術がない。

　ニジマスの頭脳が最大限に発揮される条件は、ズバリ「クリアウォーター」。透明度の高い湖や河川では、しっかりと戦略を練ってから彼らに挑まない限り、まったく相手にもしてもらえないことのほうが多い。

　ただし、適度な「濁り」がある状況下では、磨き抜かれた彼らの頭脳が無力化されやすい。そんなコンディションを味方につけると、いとも簡単に「スーパーレインボー」を手中に収めることができたりもする。どうやらニジマスという魚は、感情の起伏が大きい気分屋のようである。

サイズ
大型と呼べるのは50㎝から

　ここ北海道では、ニジマスは大型に成長する個体が非常に多い。

　北海道をホームとするアングラーの中には、40～50㎝をMサイズ、50～60㎝をLサイズ、60～70㎝をLLサイズと呼ぶ者もいる。40～50㎝でMサイズだから、本州の一般的なフィールドとは別次元の感覚だろう。道外のフィールドで、もし北海道と似通った環境があるとすれば、河川では長野県の犀川《さいがわ》や岐阜県の宮川。湖では、山梨県の本栖湖や栃木県の中禅寺湖くらいのものだろうか。

　実際、北海道のフィールドに身を置いていると、Lサイズまでならどこのフィールドにも棲息しているんだなと実感することも多い。もちろん、多くの大型魚をストックしているのに、なかなかバイトに持ち込むことが難しい尻別川みたいなフィールドも存在するのだけれど、それは一部の激戦区に限られた話。総体的に見れば、Lサイズと出逢うチャンスは少なくないと断言してもいいほどだ。

　ただ、LLサイズとなると、少しばかり事情が違ってくる。やはりチャンスのあるフィールドは限られてくるし、たとえヒットまで持ち込めたとしても、強い流れの中でランディングまで持ち込むのは至難の業。足しげく北海道のフィールドに通い詰め、何度も辛酸をなめさせられたアングラーでさえも、彼らとの出逢いを果たすのは簡単なことではない。LLサイズのニジマスをキャッチするには、それなりの経験値と、少しばかりの運が必要になってくるのである。

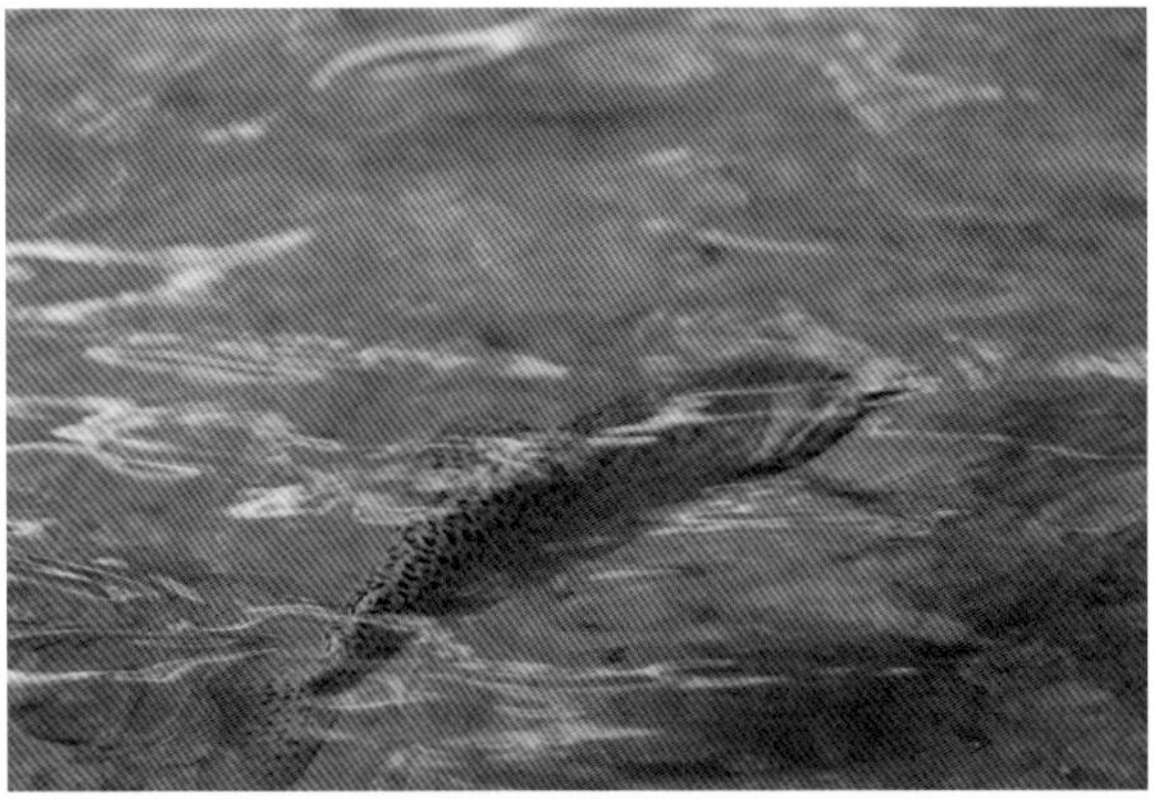

クリアウォーターの釣りは難易度が高い
貫気別川支流でヒットしたニジマス。このクラスの魚でも、口を使わせるのにだいぶ苦労させられた

濁りが状況を一変させる
冬の屈斜路湖、波で生じた岸際の濁りがトロフィーサイズを引き寄せた

屈斜路湖のLLサイズ

支笏湖のLサイズ

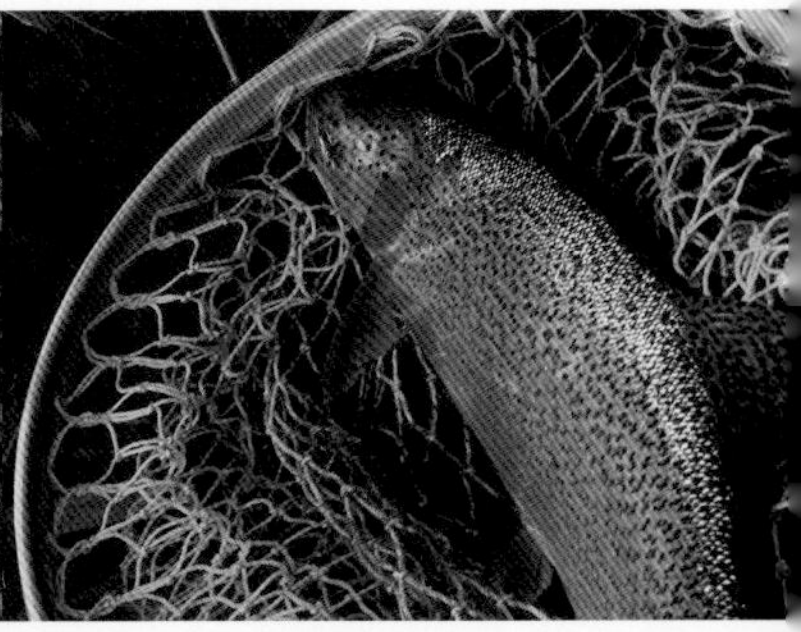

尻別川のMサイズ

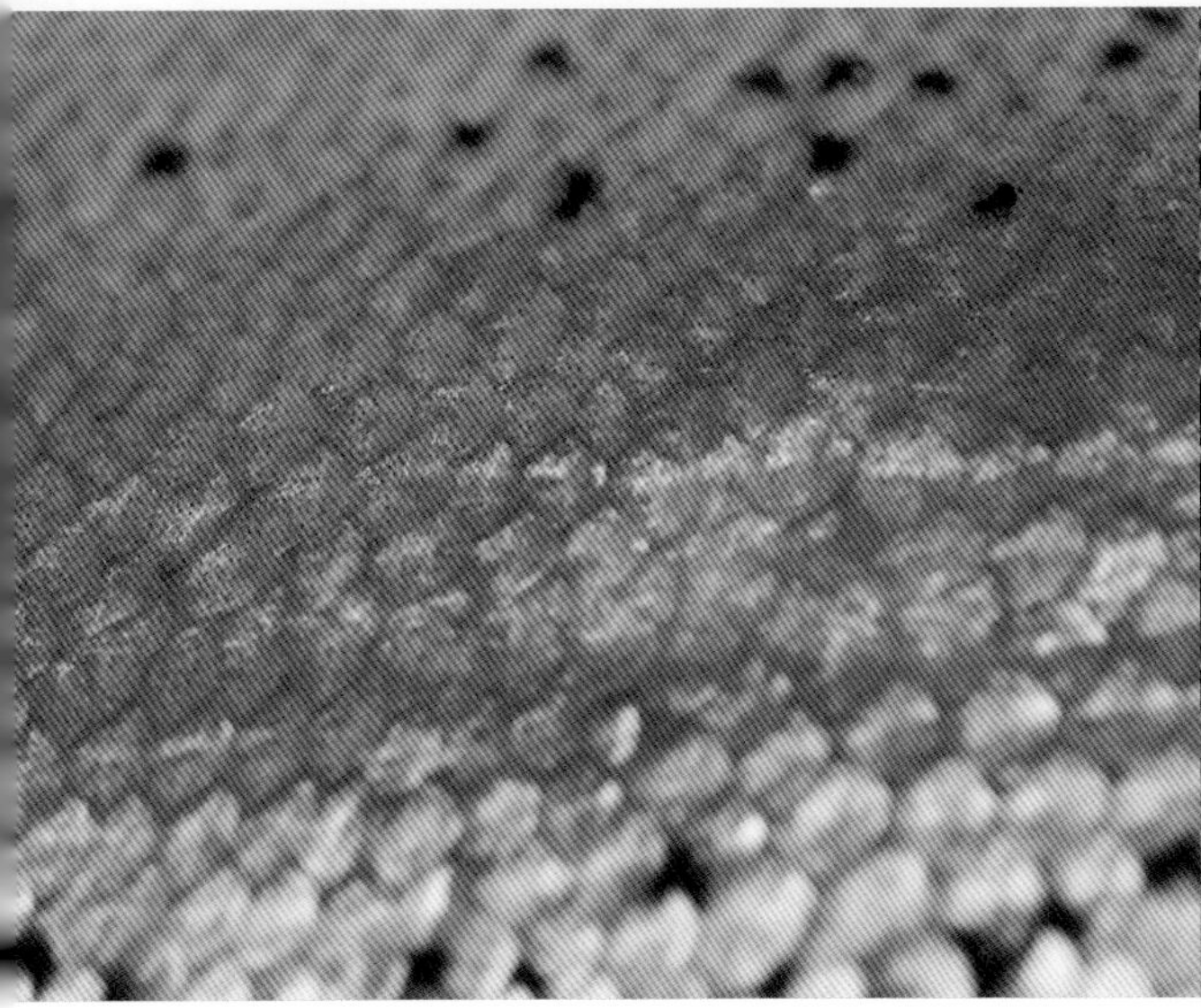

ジンクリアな水質が育んだ超美形

6月下旬に十勝の川で出逢ったこの魚は、とてもめずらしいマリーゴールド色のバンドを輝かせていた。こんな発色のニジマスに出逢ったのは、これが最初で最後

惚れ惚れする顔つきの62cm

過酷な自然環境を生き抜いてきたからこその、この風格

シュールな表情の48cm♂

野生鱒らしからぬおちゃめな顔立ちに、思わずほっこり

あいさつ代わりの25cm

尻別川上流域のアベレージ。このサイズの魚影はすこぶる濃い

9

孤高の狩人
ブラウントラウト

Salmo trutta

主な棲息地：鳥崎川《とりざきがわ》、静内川《しずないがわ》、士幌川《しほろがわ》、千歳川、支笏湖《しこつこ》、ほか一部の湖や河川に分布

ビジュアル・表情
ヨーロッパ調のしっとり感

北の大地に棲息するブラウントラウトは、自然繁殖によって世代交代を繰り返したいわゆる「ワイルドブラウン」だ。本州では、上高地を源流域に持つ梓川などの一部の河川を除き、ほとんど自然繁殖の事実が確認されていない。このことからもわかるとおり、ここ北海道はブラウントラウトの棲息に特に適した地域なのであろう。一方でその魚食性の強さゆえ、北海道では移植放流禁止魚種に指定されてしまった悲しき運命をたどっている鱒でもある。

彼らをシンプルに分類するなら、回遊系の「シルバーメタリックタイプ」と居付きの「茶鱒タイプ」の2種類に分けることができる。ちなみに、支笏湖に棲む個体の体側に朱点が存在しないのは、おそらく遺伝的な要因によるもの。ブラウントラウトのビジュアルは、環境要因と遺伝要因が相互に絡み合った中で形成されるため、表現型としては複雑かつ多様なものになるという説が、どうやら有力のようだ。

また、表情を切り取ってみても、いかにもワルそうなタイプと、スッとした表情の上品なタイプがいる。どちらもニジマスのような派手さはないものの、落ち着いたトーンのしっとりとした美しさを備えていて、その姿は、のちに楽曲「鱒」を生み出すこととなるあの有名な音楽家、シューベルトをも魅了してしまったのだろう。

運動能力
クセの強いジャンプファイト

本州の管理釣り場などに放流されているブラウントラウトは、クネクネとしたローリング系のファイトをする印象もあるが、北海道のワイルドブラウンは、ヒットした瞬間から激しいジャンプファイトを繰り広げることが多い。

そのジャンプファイトにも個体ごとに特徴があって、ニジマス同様に水面を一気に切り裂くようなジャンプを見せるタイプと、まるでムーンウォークのように水面を這うようなジャンプを小刻みに繰り返すタイプの2種類がいる。この2つのジャンプを組み合わせたハイブリッド型には今のところ一度も出逢っておらず、必ずどちらかのタイプに分けられるのがなんとも不思議だ。

ただ、爆発的なパワーとスピードの両方を兼ね備えたニジマスに比べると、やや非力さが目立つ印象がないわけでもない。それでも、深い泳層から垂直上昇して突き上げるようにルアーをひったくっていく姿なんかは、まさにブラウントラウト独特のもの。ヒットまで持ち込めれば、アングラーを歓喜に導く魅力いっぱいのファイトを展開してくれるのである。

頭脳
悩み多き獰猛な臆病者

性格は、その魚食性の強さから大胆な面ばかりが強調されがちだが、実はニジマスよりもはるかに繊細な一面をあわせ持つ。湖にトップウォーターを浮かべていると、食べようか食べまいかルアーの直下を10分近く右往左往している個体もいたりして、「賢い」と言うよりは「臆病」と言ったほうがニュアンス的には正確なのかもしれない。

ただ、タガが外れたブラウントラウトは、「ホンモノ」も「ニセモノ」も見境なく、視界に入った動くモノすべてに襲い掛かったりもする。やはり本質的には極度に獰猛なのだけれど、厳しい環境に身を置く中で頭脳がドンドンと磨き上げられ、理性と本能のはざまで常に葛藤して

シルバーメタリックタイプと茶鱒タイプ
同じ支笏湖のブラウントラウトでも、その容姿は完全に別物。2種類の釣り分けを楽しめるのも、支笏湖というフィールドの魅力のひとつ

ワルそうなタイプと上品なタイプ
似たような大きさの魚でも、個体ごとに纏う雰囲気が大きく異なるのもブラウントラウトという魚の特徴だろう

小渓流の25㎝
晩夏の尻別川水系昆布川で。
上流域ではこのサイズが多かった

中流の47㎝
早春、日高地方を流れる新冠川で。
その風貌からして実に野生的

沖でヒットした56㎝
11月、支笏湖苔の洞門近くで。
これでアベレージを少し上回るくらいか

岸寄りしていた79㎝
雪深い3月の支笏湖で。
このサイズになると、さすがに迫力十分

いる個体が多いのが現実。そんな理解で、いいのではないだろうか。

サイズ
メーターも夢じゃない!?

ブラウントラウトは、もともと大きく成長する種なのだろう。長野県の犀川《さいがわ》水系で、毎年、数多くの大型魚がキャッチされていることを見ても、感覚的な裏付けは十分と言えそうだ。

北海道に限定すると、その大型化の傾向はより顕著なものとなる。一部の小渓流を除けば、50㎝クラスでほぼアベレージ。60㎝、70㎝はめずらしくなく、過去には1m近い個体の存在も確認されている。ニジマスとの比較で考えてみると、ニジマスの50㎝とブラウントラウトの58㎝で同等くらいの価値。それが、僕の率直な肌感覚である。

ただ、長さだけでその魚の価値を推し量ることには、いささか違和感を覚えるのも事実。そのため、僕がブラウントラウトを狙うときには、単に大きい魚を狙うのではなく、いかにコンディションの良い魚を選択的にキャッチできるかを重視している。

ザックリとしたイメージで言うと、60㎝を超えるコンディションの良いブラウントラウトをキャッチできたら、「コイツはいい魚だな」と思えることが多い。これは僕の経験則でしかないのだけれど、ひとつの「ものさし」として参考にしてもらえればと思う。

注）北海道では、ブラウントラウトの移植を行うと、北海道内水面漁業調整規則により罰せられます。釣ったその場所にリリースすることは「移植」に該当しませんが、無用なトラブルを避けるため、事前に、北海道庁作成の冊子『Rule&Manner』を必ずご参照ください。（2021年2月現在）

コンディション抜群の回遊型
ミノーを完全に丸呑みするド迫力のヒットシーンに大興奮！マッチョな肉体に、つい見とれてしまった

アフタースポーンの居付き
おそらく産卵からだいぶ日数が経っているのだろう。完調にはあと少しでも、コンディションはかなり回復していた

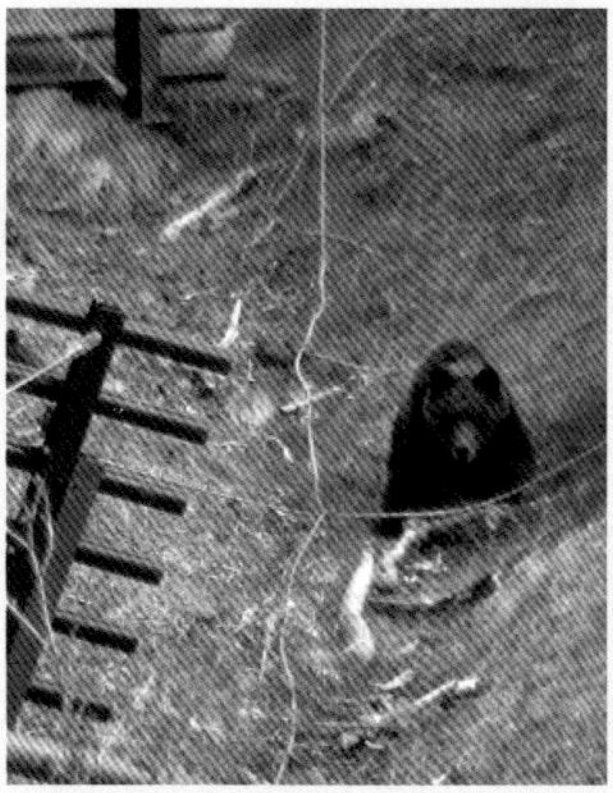

法面に現れたヒグマ
落石防止用ネットの下に生えている新芽を、一心不乱にむさぼっていた

知っていたけれど、それを生まれてはじめて目の前で見せつけられた。それは、人間が走って逃げようとしたところで、奴らになんか敵うはずがないことを悟った瞬間でもあった。そう考えてみると、僕がいまこうして生きていられるのは、この時のヒグマのおかげかも。あれから数年後、フィールドで“勇気ある撤退”を迫られた瞬間に、ふと、そんなふうに思ったりもしたものだ。恐怖としか思えなかったこのヒグマとの“出遭い”も、もしかすると、僕の人生において必要な“出逢い”だったのかもしれない。

実のところ、6回のヒグマとの遭遇のすべてが、北海道にやって来て最初の5年間で起こった出来事だ。逆に言うと、その後の10年間は一度もヒグマと遭遇していない。

これは、正確な知識に基づいて慎重に行動すれば、ある程度、ヒグマとの遭遇を回避できるということを意味しているのだろう。

参考として、ヒグマとの遭遇リスクを減らすための3か条を示しておきたい。

- **◉ 完全なる彼らの領域に、むやみに足を踏み入れない**
- **◉ 遭遇リスクの高い地域では、朝夕の薄暮の時間帯に行動しない**
- **◉ 秋のデントコーン畑には、絶対に近寄らない**

もしこれらを守っていたら、6回の遭遇のうち5回は回避できたと思うし、身の危険を感じるような危機的状況に陥ることもなかったのだと思う。

どうせ出逢うなら、「羆」じゃなくて「鱒」がいい。

必要以上に恐れることはないけれど、僕たちアングラーが北海道のフィールドに足を踏み入れる以上、常にヒグマと遭遇するリスクが存在することを絶対に忘れちゃいけないのである。

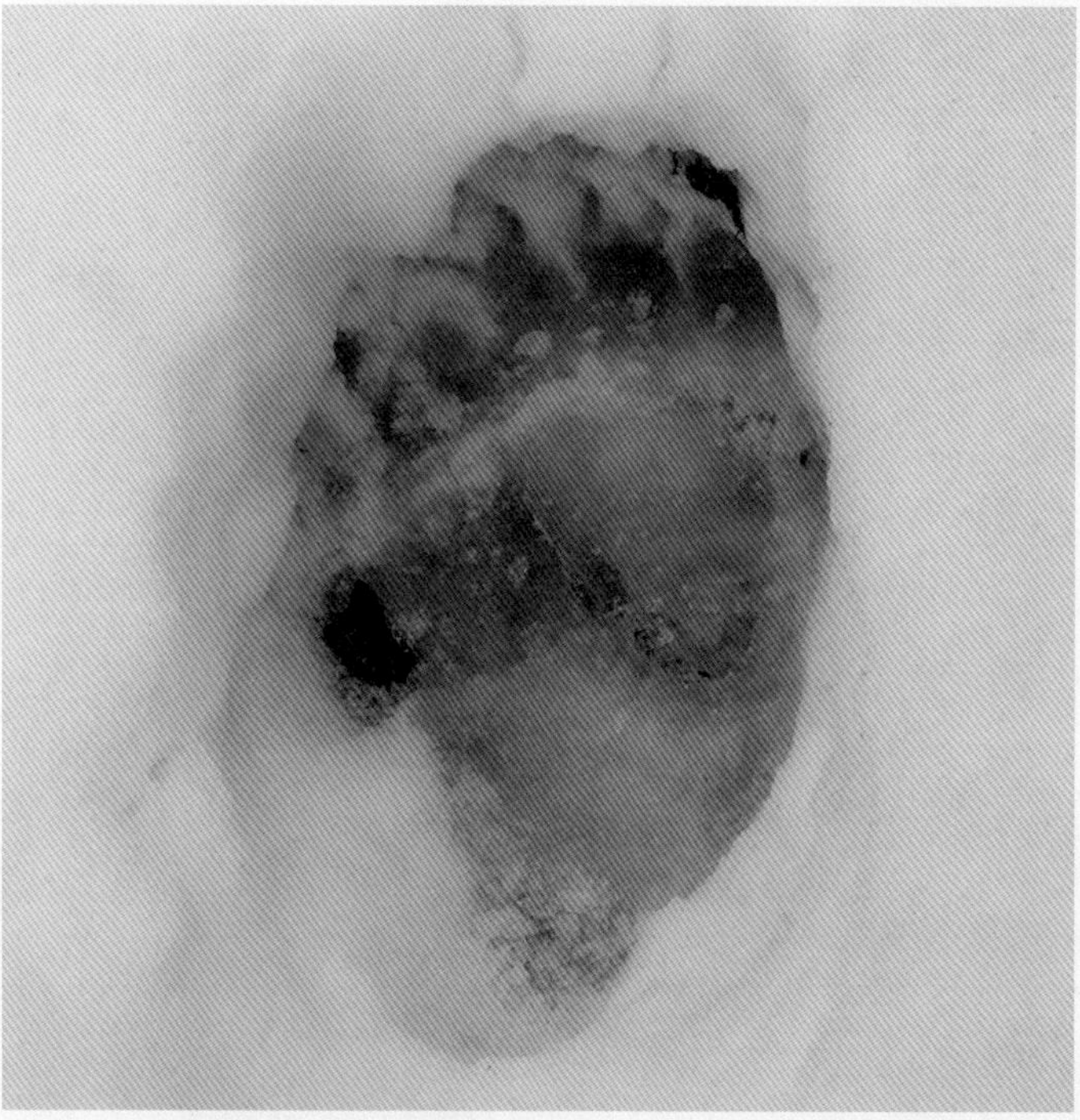

初冬、雪の上に残されていた足跡
雪が積もっても、すべてのヒグマがすぐに冬眠に入るわけではない。北海道のフィールドでは、一般の人が考えている以上にヒグマと人間との距離は近い

Column 1

ヒグマ

北の大地に広がる森には、数多くのヒグマが棲息する。北海道で鱒を追うアングラーにとって、絶対に出遭いたくない存在だ。

ところで、僕はこれまで、フィールドで6回もヒグマと遭遇している。そのうち2回は、とても危険な状況だったと思う。中でも、十勝川支流の戸蔦別川《とったべつがわ》で起こった“事件”は、もっとも恐ろしかった。今、振り返っても、当時、僕の目の前にあった光景を詳細に説明できるほど、その“事件”は強烈なインパクトを残したのである。

それは、満足のいくニジマスとの出逢いを果たし、足取りも軽く、河畔の空き地に停めていた車へと戻る途中のことだった。「車まで、もうあと10m」というところまでやってきた時、突然、川のほうから飛び出してきた大きな黒い影が僕と車の間を右から左に横切り、近くにあった草むらに身を潜めたのだ。

僕は、右手に握っていたタックルを地面に放り投げ、とっさに身構えた。ちょうど、その時のことだった。大きな農作業車が、川沿いに延びる悪路を“ドンドンッ”と大きな音を立てて走ってきたのだ。周囲は畑。近くのスーパーマーケットから1ｋｍも離れていない場所だから、そこだけを切り取ればよくある日常の風景である。

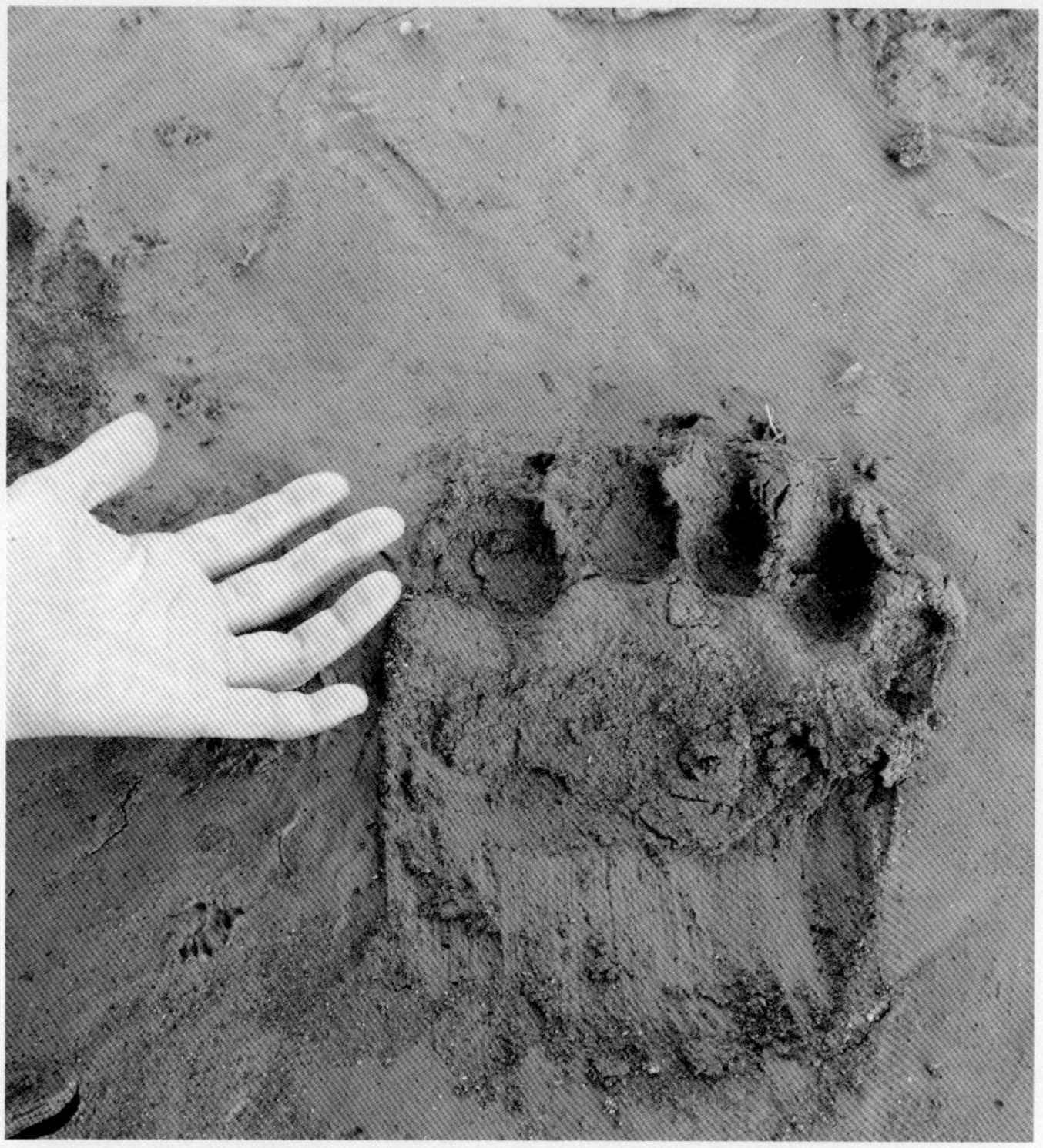

真新しいヒグマの足跡
人間の手よりも、だいぶ大きい。まともに闘ったところで、勝ち目がないことは明らか

大きな音に驚いたか、黒い影は慌てた様子で草むらを飛び出す。今度は、僕と車の間を左から右へと横切って、川が流れる方向へと消えていったのであった。

九死に一生とは、まさにこのこと。極限にまで高まった心臓の鼓動が鳴り止むまで、少なく見積もってもおおよそ10分はかかったと思う。

まるで、アフリカの砂漠で狩りをする肉食獣のように、全身を弾ませて爆発的なフットワークを繰り出し、ものすごいスピードで逃げ去っていったヒグマの後ろ姿。あれから十数年の月日が流れた今になっても、あの時の光景は、時折、僕の脳裏をかすめるのである。

ヒグマの走るスピードは、尋常でなく速い。知識としては漠然と

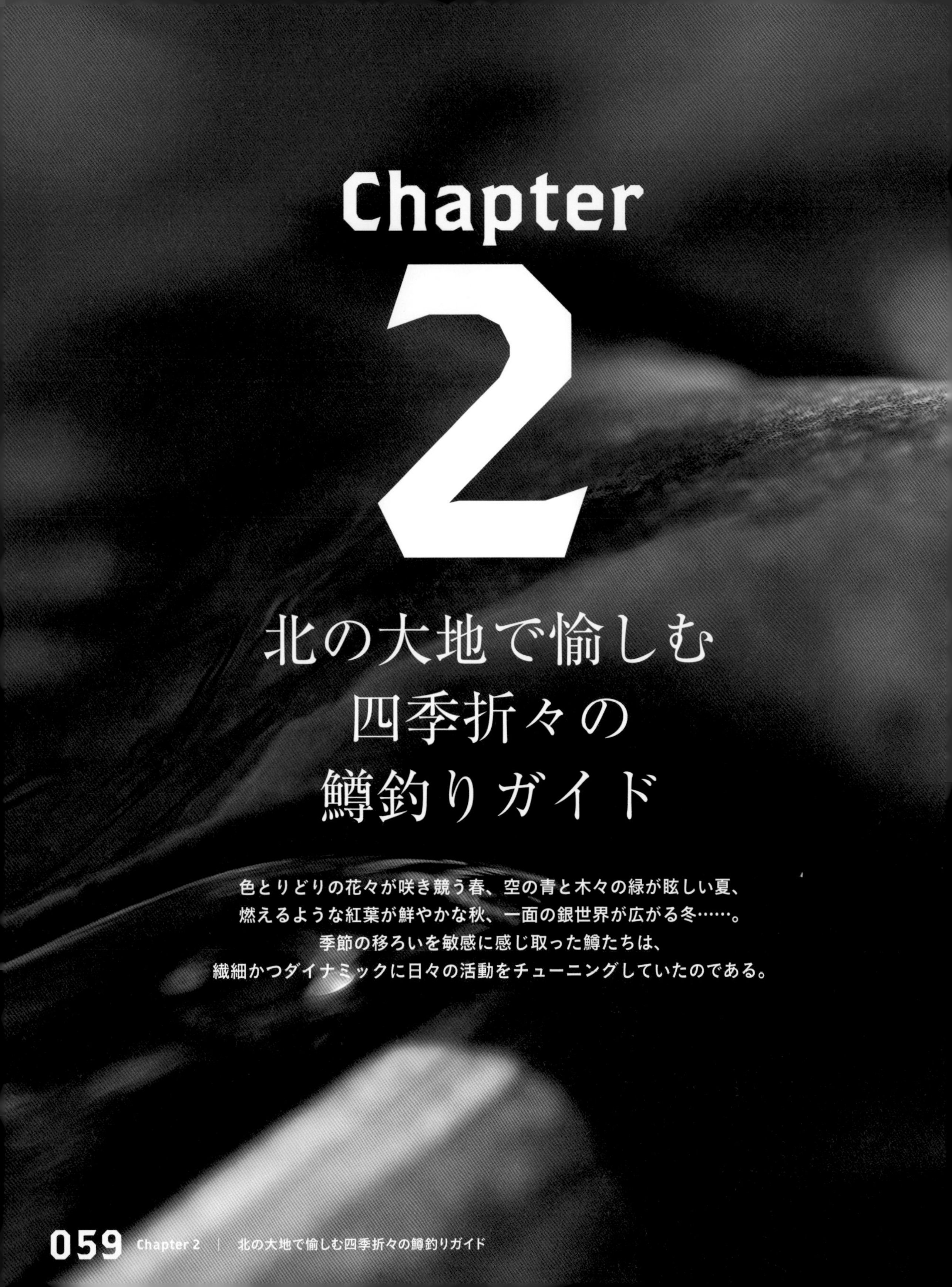

Chapter 2

北の大地で愉しむ四季折々の鱒釣りガイド

色とりどりの花々が咲き競う春、空の青と木々の緑が眩しい夏、
燃えるような紅葉が鮮やかな秋、一面の銀世界が広がる冬……。
季節の移ろいを敏感に感じ取った鱒たちは、
繊細かつダイナミックに日々の活動をチューニングしていたのである。

真っ白な雪原
凛とした大地の佇まいが、
なんとも印象的な画である

1
January

鱒たちと結ぶ
期間限定の「休戦協定」

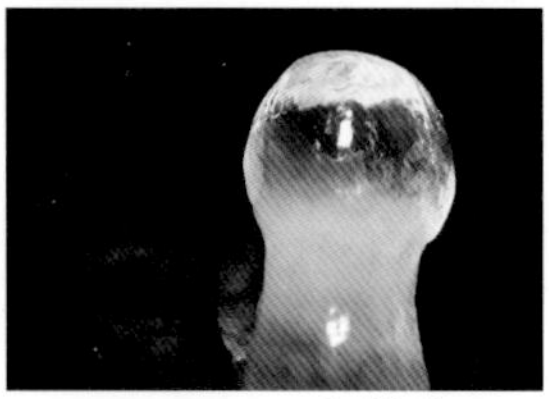

天塩川のフロストフラワー（左）と中頓別鍾乳洞の氷筍《ひょうじゅん》（右）
神秘的な氷の世界が、厳しい北海道の寒さを物語る

大地には真っ白な粉雪が降り積もり、水面は見渡すかぎりの分厚い氷に覆いつくされる。誰が言ったか知らないが、「一面の銀世界」とはつぶさにその情景を描写しているようにも思える。荘厳な景色が一面に広がる季節、それが北海道の1月である。

この時季、秋に産卵を終えたアメマスたちは、トロ場に厚く張った氷の下に身を潜め、少しずつ体力の回復を図っている。後志利別川《しりべしとしべつがわ》や静内川《しずないがわ》など道内でも比較的温暖な地域を流れる川は、川面が完全結氷することがほとんどないので、その気になればこの時季でも釣りが可能な状況であることが多い。

ただ、1月のアメマスは越冬の最中。僕が北海道に来たばかりの頃、この時季に何度かアメマス狙いで川にエントリーしたことはあったが、釣れるには釣れても、ヒットしたアメマスたちから躍動感を感じ取ることはできなかった。なんだか無理やり寝た子を起こしてしまったような妙な「ザワザワ感」が胸に去来して、なんともいたたまれない気持ちになったことは今でも忘れられない負の記憶だ。

アメマスのほか、秋に産卵行動を行うのがミヤベイワナ、エゾイワナ、ヤマメ。このうちミヤベイワナは、湖水に降りて越冬している個体が多いようだが、いまだ冬の生態は神秘のベールに包まれたままである。過去に冬季の然別湖《しかりべつこ》で、試験的にミヤベイワナのアイスフィッシングが解禁された年もあったが、それ以降、あまり新しい情報は伝わってこない。いずれにしても冬季の解禁ついては、個人的にいろいろと思うところがあるのも事実なのだが……。

エゾイワナとヤマメは、流速の遅い淵などに固まって越冬していることが多い。イメージ的には、本州の渓流とほぼ同じ。そんな様子だから、この時季、無理してまで彼らを釣りの対象魚にする必要はないようにも思える。

一方、春に産卵を控えたイトウは、川や湖が分厚い氷に覆われる中、体力をつけるために氷の下でせっせと捕食活動を繰り返しているようだ。毎年、この時季に解禁される朱鞠内湖《しゅまりないこ》のアイスフィッシングで、ワカサギを餌に多くのイトウが釣り上げられている事実がそれを証明していると言えるだろう。ただ、イトウが棲息する河川の多くは、川に近寄ることさえできないほどの深い雪と厚い氷に閉ざ

朝日に照らされた雪の結晶
-20℃の世界では、これほどまでに六角形の輪郭がくっきりする

されているから、朱鞠内湖以外のフィールドでイトウを狙うのは、物理的に困難であると考えたほうがいい。

同じく春に産卵を控えたニジマスは、イトウと比べてややおとなしめの行動をとっているようにも思える。過去の経験で言えば、12月には盛期と変わらない活性の高さを見せる屈斜路湖《くっしゃろこ》のニジマスも、1月に入るとさすがに活性が落ちてくる印象があるし、12月〜3月が冬季の解禁期間となる洞爺湖《とうやこ》でも、解禁直後の12月初旬にちょっとしたフィーバーが起こって、その後パッタリというのが最近お決まりの傾向だ。おそらく、イトウよりも産卵のタイミングに結構な幅があって、中には冬が訪れる前に産卵してしまう個体もいることが、「ニジマス」という魚の生態をなんとなくぼんやりとさせている気がする。狙って狙えないことはないが、無理してまで狙うほどの価値はない。それが、1月のニジマス釣りに関しての、現在のマイスタンスである。

最後に、ブラウントラウト。ここ北海道では、12月〜1月が産卵のピークとされる。一部の遡上河川では、大型魚がペアリングしている姿を見かけることもあるくらいだから、あえてこの時季にブラウントラウトを狙いに出かけようとは思わない。ただこれは、あくまでも僕なりの考え方。ルール上、ブラウントラウトを釣ることに関する規制はない中で、この魚とどのように向き合っていくべきか、その判断は一人ひとりのアングラーにゆだねられている。

サビの入ったニジマス
これは大晦日にキャッチした魚だが、1月に入るとさらに色のトーンが急降下する

山あいを流れる細流
深い雪に閉ざされるこの時季くらいは、魚たちをそっとしておきたい

Hitorigoto
at noon, January

1月、昼下がりにひとり「自主禁漁」を語る

近年、1月と2月は、僕にとっての自主禁漁期間。だからと言って、「すべてのアングラーが、僕と同じように振る舞うべきだ！」などと自分の価値観を一方的に押し付けたりはしません。

なんたって僕自身も、かつては1月に鱒を狙って北海道内のフィールドを転々としていたんですから。そこでは、幸い大小さまざまな鱒と出逢うことができたのだけれど、その一尾一尾の鱒の姿を胸に刻んでいった結果、残ったのは「せつなさと悔恨の念だけ」という残念な現実を突き付けられたというわけ。そんな「黒歴史」を経たからこそのマイルールが、「1月と2月は自主禁漁」なんですよね。

僕は釣りに限らず、「豊富な経験があるとされる者」が「経験が十分でないとされる者」に対して、頭ごなしに自分の意見や価値観を押し付けることが大嫌いだし、本当に無意味なことだと思っています。だって、やられた方からすれば、次々と上の方から浴びせかけられる言葉に素直に耳を傾けることなんてできるわけがないじゃないですか。中にはできる“大人”もいるのかもしれないけれど、少なくとも“でっかい幼稚園生”とカミさんに呼ばれている僕には、そんな“大人”な振る舞いなんてできるはずがありません（笑）。

やられて嫌なことは、自分もやりたくない。真冬に北海道のフィールドで鱒を釣ること自体、ルール上は何の問題もないんだから、「誰に何と言われようと、俺は、1月も鱒を追い続けるんだ！」という価値観を持つアングラーが一方的に批判される道理はないですよね。持っている価値観が、僕と違う。ただ、それだけなんです。

大事なのは、「ルールに反していないから何をやってもいい」ではなく、アングラー一人ひとりが、目の前にある現実と真摯に向き合いながら試行錯誤を繰り返し、そのプロセスの中から自分なりの「フィッシング観」なるものを見つけ出すこと。僕は、そんなふうに思っています。

「無法地帯」と揶揄されるほど、ルールと現実がミスマッチを起こしているここ北海道。だからこそ行政批判もほどほどに、僕たち北海道のフィールドに身を置くアングラーが、心から溺愛する鱒たちともっともっと自律的に関わっていけたらいいな。

しっかりと雪が降り積もった、真冬の昼下がり。苦めに淹れたコーヒーを片手に、ふとそんなことを想うしがない鱒釣りフリークなのでした。

2

February

ダイヤモンドダスト輝く
厳冬の大地

まだサビの残る個体
これは3月初旬にキャッチした魚だが、かつて2月に釣ったブラウントラウトもだいたいがこんな雰囲気であった

長く続く北海道の冬の中で、もっとも寒さが厳しいのがこの2月。石狩川や天塩川《てしおがわ》が流れる道北地方の内陸部では、最低気温がマイナス30℃を下回ることもめずらしくない。特に、朱《しゅ》鞠内湖《まりないこ》のある幌加内町《ほろかないちょう》や、天塩川の上流域にあたる名寄市《なよろし》あたりは、連日、まるで冷凍庫の中で暮らしているかのような凄まじい寒さに見舞われ、石狩川の上流域に位置する北海道第二の都市、旭川周辺でも、街中でダイヤモンドダストがキラキラと輝きを放つ光景が日常的に見られるほど、極端に冷え込む日々が続く。

また、ニジマスの名川、渚滑川《しょこつがわ》や湧別《ゆうべつ》川《がわ》が流れ込むオホーツク海には、北寄りの風に乗って流氷が接岸。網走や紋別などのオホーツク海沿岸に位置する街では、海面が氷の塊に覆われると同時に気候が「内陸性」に切り替わる。すると、ひと晩でまちの景色が一変してしまうこともしばしば。いわば北海道全体が、日々冬将軍に翻弄される季節とも言えるのだ。

さらに、全道的に一年でもっとも積雪が増えるのもこの時季。それも相まって、ごく一部の変態アングラーを除き、フィールドで人影を見ることはほとんどない。

では、鱒の状態はどうか。アメマスは少しずつではあるがコンディションを回復してきていて、2月の後半になればそれなりのレベルまで持ち直していることも多い。ただ、どこのフィールドも水温が0〜1℃くらいの間で推移しているから、アメマスは相変わらず川底にへばりついてじっとしている状態。さらに、河畔までのアプローチだけで、深い雪に足をとられて疲労困憊してしまうことも……。それでもあえてチャレンジを試みるなら、最低限の心構えとして「労多くして何とやら……」となる覚悟は持って臨んだほうがいいだろう。

ブラウントラウトは産卵のピークも過ぎ、コンディションはどんどんと回復基調へと移っていく。2月も下旬になれば、初冬に産卵を終えた個体は、とてもアフタースポーンとは思えないほどのコンディションにまで復調しているくらいだ。ただし、雪深いこの時季は、湖であれ河川であれアプローチには常に危険が伴うし、まだまだ産卵行動に夢中なブラウントラウトのカップルが少なくないのも事実。フィールドに足を運ぶかどうかは、アングラーによって判断が分かれるところだが、「あえて無理をする必要はない」というのが僕なりの考えではある。

-25℃の世界
放射冷却現象によって厳しく冷え込んだ上川盆地の朝。極寒の中、太陽の光に照らされてキラキラと輝くダイヤモンドダストがなんとも幻想的であった

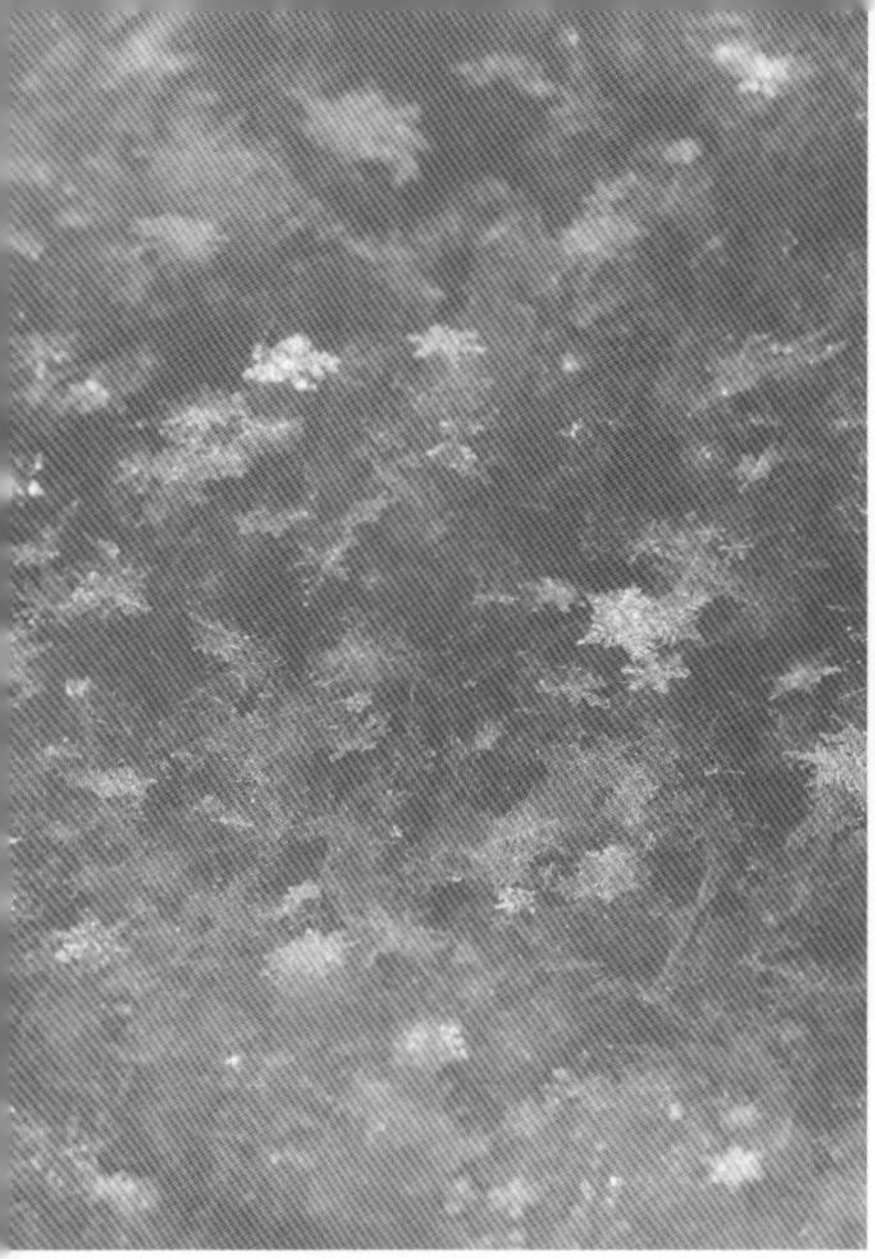

新雪が降り積もった朝
厳しい季節でもあり、フォトジェニックな季節でもある

雪に覆われた河畔林を望む
実は、この奥にニジマスの棲む川が流れている。だが、ツボ足では近づくことさえできない

2月の登別地獄谷
この時季ばかりは、無理に釣りをするよりものんびりと温泉に浸かっていたほうが幸せかも

3 March

3月の源流
石狩川水系。まだ深い雪が残るが、夕方の日差しにもぬくもりが感じられるようになってきた

孤高の狩人が告げる北国の早春

アメマス／サクラマス／ブラウントラウト

3月、フィールドにはまだまだ多くの雪が残り、爆弾低気圧が襲来しては去りを何度か繰り返す。草木が芽吹きはじめる本州の3月と比べると、だいぶ様相が異なると思ってもらったほうがいい。

それでも、二十四節季の啓蟄《けいちつ》を過ぎる頃には、北の大地にも春の足音が確実に近づいてくる。日照時間も長くなり、日中もプラスの気温になることが多くなるから、心のコンディションは急上昇。なんとも不謹慎な話ではあるけれど、仕事中にリアルな鱒の姿がふと頭に浮かんでくるほど、テンションはもうアゲアゲだ。

残雪の下から顔を出すフキノトウ
春の足音が聞こえてくるのは、例年3月に入ってからのこと

ブラウントラウトのコンディションも回復傾向
3月に入ると、魚の肌艶が目に見えてよくなってくる

コンディションを完全に回復したアメマス
温暖な地域の川ほど、魚の状態が上がってくるのも早い

3月1日、その日こそ、待ちに待った僕にとっての解禁日。さりとて、必ず3月1日に釣行に出かけるかと言えば、必ずしもそうではない。天気予報やテレメータの数値とにらめっこしながら妄想を膨らませ、「違う」と思ったらそのタイミングが訪れるまでひたすら「待つ」。

関東に住んでいるときは、2月1日になれば岐阜県の渓流に、2月16日になれば長野県の渓流に出かける。もちろん、天候なんて関係ない。大雪だろうがなんだろうが、解禁日のフィールドに一歩でも足を踏み入れないと、どうしても気が済まなかったものだ。「待つ」という選択肢を持てるようになったのは、はたして「でっかい幼稚園生」が「でっかい小学生」に成長した証しなのだろうか……(笑)。

では、この時季の対象魚はどうか。ターゲットは、かなりコンディションが回復してきているアメマスとブラウントラウトになるだろう。

アメマス狙いなら、後志利別川《しりべしとしべつがわ》や静内《しずない》川《がわ》あたりがおススメ。これら二河川が流れるせたな町(檜山)や新ひだか町(日高)は、道内でも季節の歩みが早い地域だから、3月に入ればアメマスのコンディションもかなり整ってきている。どちらの河川も、60㎝クラスはもちろんのこと70㎝オーバーの期待もあり、さらに胴回りがでっぷりとしたパワフルな個体がよく釣れるのも魅力と言えるだろう。そのほか、比較的気候が温暖な太平洋側西部の地域には、アメマスを狙える川がたくさん流れているから、フィールドのコンディションを見極めながら、気になったエリアをラン&ガンしてみるのも面白い。

市街地近くを流れる千歳川の3月
まだ雪は残るが、湧水の影響で水温は比較的安定している

ブラウントラウトを狙うなら、やはり千歳川か支笏湖《しこつこ》がいいだろう。湧水が豊富な千歳川は、この時季でも水温が5℃

支笏湖南岸から恵庭岳を望む
3月の支笏湖は、この景色の美しさも魅力だ

マッチョなイケメン
迫力満点の体つきをしたブラウントラウト♂。こんな珠玉の一尾を手にできるかどうかは、戦略6割、スキル2割、運2割くらいのバランスで決まる

思いがけずヒットしたニジマス
60㎝オーバーだが、コンディションはまだまだ回復途上。うれしい一尾ではあるけれど、できることなら春はそっとしておきたかったというのが本音

を超える日も少なくないし、さらにサケ稚魚などのベイトフィッシュも多いため、条件の良い日には水面で起こる激しいボイルを目撃することもある。人気河川でアングラーの数も多いけれど、大型魚の期待が大きいのも千歳川の魅力。最近は長都《おさつ》大橋《おおはし》付近にアングラーが集中する傾向があるが、もちろん魚は広域に散っているので、自分の感性を大事にしてポイントを選択するほうが、きっと良い結果につながるはずだ。

支笏湖は、言わずと知れた道内随一のブラウントラウトフィールド。何と言っても、50㎝、60㎝は当たり前というそのサイズ感にまずは目を奪われる。サイズの期待値だけを言えば、間違いなく道内No.1の湖であると断言していい。

また、大きさだけではなく、回遊型の個体に狙いを定めてコンディションの良い魚を選択的に釣ることができるのも、ここ支笏湖の大きな魅力。さらに大型のサクラマスが不意にバイトしてくることもあって、常にエキサイティングな釣りを楽しむことができる。

まだまだ寒さが身に染みる季節ではあるけれど、ちょっと気合を入れて早春の湖の釣りにチャレンジしてみる価値は十分だろう。

岩のすき間から顔を出すカナヘビ
4月の声を聞くと、花の香りに誘われるように時折姿を見せるようになる

湿地からはじまる大地の夜明け

アメマス／ブラウントラウト

水芭蕉とザゼンソウ
住宅街を流れる小川で観られる日常の景色。贅沢すぎる北海道スタンダード、恐るべし

カタクリ
大好きな花。透き通るようなピンク色がなんとも愛らしい

チライアパッポ
福寿草のこと。アイヌ語で「イトウが遡上する頃に咲く花」の意とか

4

月、雪どけも急速に進み、北の大地にもいよいよ本格的な春が訪れる。まだ雪が降る日もあるけれど、中旬過ぎには水芭蕉やザゼンソウが湿地から顔をのぞかせ、カタクリのピンク、エゾエンゴサクの紫、福寿草の黄色が林床を一気に染め上げる。そして下旬には、ついに桜前線が北海道に到達。コブシや梅の花も彩りを添え、北の大地は殺風景な原野から一変、一面華やかな色彩に包まれてゆく。

本州では、フィールドに桜の花が咲く頃、ヤマメやイワナは一気に行動を活発化。それに伴ってアングラーの活性も急上昇するのだけれど、残念ながらここ北海道ではそういうわけにはいかない。ちょうどこの時季、多くの河川は雪代水《ゆきしろみず》であふれかえり、険しい表情を浮かべてアングラーを遠ざけるのだ。

ならば、湖はどうか。洞爺湖《とうやこ》は4月から禁漁期間に入るからエントリーできなくなるが、支笏湖《しこつこ》は気温も水温も少しずつ上昇する分、アングラーのカラダにはずいぶんと優しい環境が整ってくる。さらに下旬には、屈斜路湖《くっしゃろこ》やかなやま湖も解氷。いよいよ、湖のトラウトフィッシングが本格的なシーズンを迎える季節と言っていいだろう。

雪代で増水した空知川
岩盤の間を縫うようにして、雪どけ水が一気に流れ下る。普段の水量は、この半分にも満たない

解氷したかなやま湖
殺風景なのはこの時季だけ。季節が進むと草木が生い茂り、離れた場所からでは湖面が見えなくなる

ただし、だからと言ってイージーに鱒たちと出逢うことができるかと言えば、ちょっとばかり話が別だ。支笏湖では、3月中は躊躇なくルアーにバイトしてきていたブラウントラウトが、この頃になると少しずつ慎重な行動をとるようになるし、解氷が段階的に進む屈斜路湖では、風向き次第で流されてくる巨大な氷の塊によって、突如、湖面を塞がれ、思いどおりに釣りをさせてもらえなくなることもある。移り気にコロコロと表情を変え、一筋縄では攻略できないのが、4月の湖の特徴であるとも言えるだろう。

僕にとっての4月は、目前に迫ったイトウシーズンに向けて英気を養う季節。かつては、雪代の影響が少ない噴火湾に流れ込む単独河川で、ほぼベストパフォーマンスを発揮できる状態にまで回復したアメマスたちによく遊んでもらったものだが、最近は仕事がイヤになったタイミングで少しの時間だけ支笏湖に刺さる程度。もっぱら、花見に時間を割くことが多くなってきた気がする。せっかくの華やかな季節、それぞれ好みのスタイルで、北国の春を心ゆくまで満喫してほしい。

羊蹄山麓に広がる早春の景色
豪雪地帯と呼ばれる地域でも、ようやく春の訪れを感じることができるようになる

穏やかな春の屈斜路湖と小型のアメマス
この前日は、巨大な氷が岸まで押し寄せていた

警戒心が高まったブラウントラウト
4月は、このサイズをヒットさせるのもひと苦労

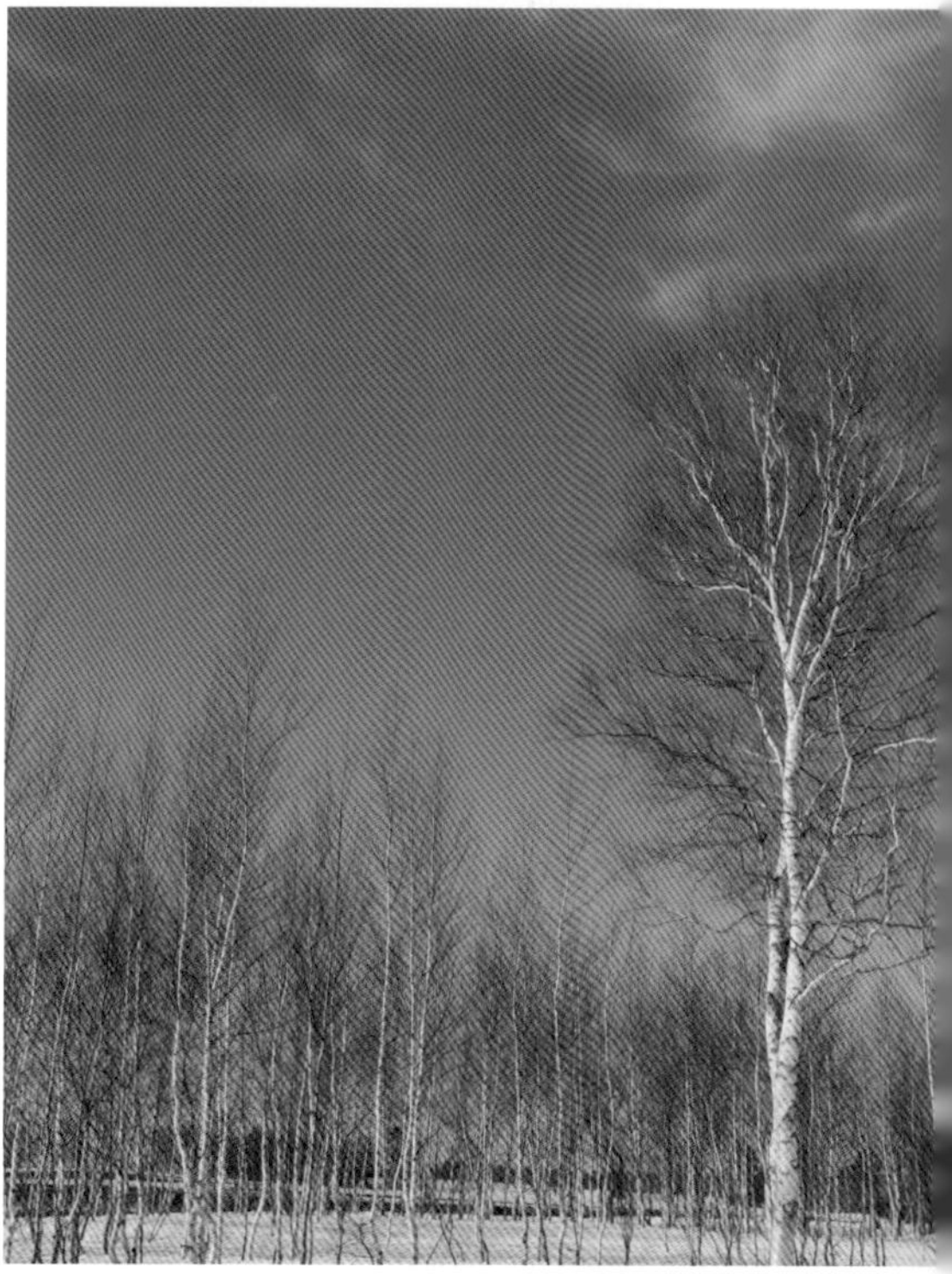

4月の大雪高原
白樺林と澄み切った青空のコントラストが美しい

桜
Cherry Blossom

空を舞う
上空を見上げると、さくらの花がなぜか原型をとどめたまま
ゆっくりと回転しながら落ちてくる。周囲をよく観察してみると、
なんとそれは小鳥たちの仕業だった

地面に咲く
無情にも枝先から切り落とされてしまった花たちは、地面で
折り重なってそこに小さな花園を形成。これは、小鳥のたち
のイタズラが生んだ奇跡の造形美と呼んでもいいだろう

Hitorigoto

at night, April

4月、夜更けにひとり「長万部」を語る

「長万部」と書いて、“おしゃまんべ”。

それは、僕がこよなく愛する道南の小さな田舎まち。そしてそこは、四半世紀以上も前、やさぐれた都会育ちのひとりの若者を優しく受け入れてくれたまちでもあります。

もちろん、自らの意志でそこに行ったわけじゃありません。大学のキャンパスがそこにあったから、しかたなしに長万部に行ったんです。

はじめにカミングアウトしておくと、当時の僕は勉強が大嫌い。あっ、今もそうだった。

そんなんだから、入寮式の翌日、講義のスケジュールにはいっさい目もくれずに、チャリンコで行ける距離にある近所の川へと向かいました。まだ4月の上旬ということもあって河原には雪が残っていたし、川の流れも雪代の影響でやや増水気味。さらに、そこが禁漁河川でないということ以外は何の情報も持っていなかった。だから、それまで本州の川でやっていたのと同じように、ライトタックルにとりあえず「セルタ」を結んで流れに放ってみたんです。

いや〜、驚きました。1投目から、まさかのバイト！ なんか、ガンガン引いてるじゃないですか。

上がってきたのは、40㎝ほどのアメマス。今の感覚なら別になんてことはないサイズなんだけど、当時の感覚では感動の「尺イワナ」ゲットだったんですよね。

あの瞬間に僕の目に映っていたすべての景色は、今も鮮明に思い出すことができる。それくらい、強烈なインパクトがありました。

たぶんあの瞬間があったからこそ、僕は今、この北海道にいる。たかが40㎝、されど40㎝の一尾のアメマスが、僕の人生を変えた。ちょっと大げさに聞こえるかもしれないけれど、決して言い過ぎではないでしょう。

4月になると、いつも夜更けに決まって「あの景色」が脳裏に蘇ってくる。歳を重ね、最近では、大きく揺り動かされることがめっきり少なくなってしまった僕の“こころ”。でも「あの景色」が目に浮かんでいる時だけは、「今、自分は生かされているんだ」と意識せずにはいられないほど、右へ左へと大きくこころが揺り動かされているような気がします。

宝物なんて、どこに転がっているかわからない。それを教えてくれたのが、この長万部というまち。人生の迷路に迷い込んだとき、当時と大きくは変わらないフィールドの景色を眺めに行くと、何事もなかったかのように僕の心から憑き物が落ちる。人の“こころ”って、ホント不思議なものだな……。

1. 雪どけの渓に咲くエゾノリュウキンカ
2. 公園のチューリップは春の定番
3. 河畔で見つけたチシマザクラのつぼみ
4. 遊歩道沿いに咲くタンポポとシロチョウ
5. 近所の雑木林で見かけたタラの芽
6. 明るい林床に咲くシラネアオイ
7. 丘陵地帯を黄色に染める菜の花畑
8. 見ごろを迎えたオオバナノエンレイソウの群落

5 May

水辺のカムイ、いざ降臨

イトウ／アメマス／ニジマス／ブラウントラウト

気品あふれる名門牧場のサラブレッド
一面の緑の絨毯に、サラブレッドの立ち姿が映える

GWも後半に差し掛かった5月の上旬、おなじみのソメイヨシノに加えて、より色鮮やかなエゾヤマザクラも一気に開花。河畔の土手にはタンポポの花が咲き、シロチョウが一心不乱に蜜を吸う。そんなシーンもまた、この季節の風物詩と言えるだろう。

中旬に差し掛かると木々の緑は日ごとに深みを増し、まるで桜の後を追うかのように、シラネアオイ、チューリップ、そして菜の花と、彩り豊かな花々が矢継ぎ早に咲き乱れる。足元に目を落とせば、林床ではオオバナノエンレイソウが、小渓流ではエゾノリュウキンカが木漏れ日に照らされ、ちょっと控えめな表情で景色に彩りを添えている。青草を食むサラブレッドの立ち姿も、早春と比べて明らかに輝きを増しているようだ。

ちょうどその頃、北の大地の鱒たちは一気に動きを活発化させる。ついに、待ちに待ったこの季節の到来である。

産卵を終えたニジマスが、体力の回復に向け積極的にエサを摂りはじめるのも、ちょうどこの時季のこと。支流から本流に戻った大型の個体は、のべつ幕なしにベイトを喰い漁る。それがゆえ、あまりに簡単に口を使いすぎる印象もあって、釣趣に欠ける感も否めないのだが……。

時季を同じくして、上流域での産卵を終えたイトウは、雪代の影響が残る流れを一気に降ってくる。目的は、唯ひとつ。空きった腹を満たし、体力を回復させるためだ。もちろん中流域にとどまる個体もいるが、多くの個体は下流域まで一気に移動する傾向が強く、中には汽水域を通り越して海に出てしまう個体もいるほどである。

5月下旬、猿払川《さるふつがわ》や天塩川など名だたるイトウフィールドの下流域は、多くのアングラーで賑わいを見せる。腹を空かせたイトウたちが、トンギョやシラウオ、ワカサギにスジエビと手あたり次第にベイトを喰い漁る様子は、どこか狂気に満ちている感も……。そんなトランス状態に陥ったイトウに口を使わせることは、さほど難しくはない。「春シーズンのイトウは釣りやすい」と言われるゆえんは、そんなところにあるのではないだろうか。

ところが、簡単に口を使ってしまう個体が一定数いる中で、一筋縄ではいかない「天才クン」の存在を無視するわけにはいかない。詳しい「天才クン」の素性はChapter1の「イトウ」の項（15ページ）を参照してもらいたいのだが、この「天

5月下旬の猿払川ポロ沼合流点付近
日本一多くのイトウが棲息し、日本一多くのアングラーが訪れるイトウ釣りの聖地がココ。平日の日中にもかかわらず、数人のアングラーがエントリーしていた

オクン」の存在こそが、春シーズンのイトウ釣りをよりエキサイティングなものにしていることだけは間違いないだろう。

5月のイトウ釣り。アフタースポーンの状態から回復しきれていない個体も混じるけれど、秋シーズンのイトウ釣りとはまったく別の表情があるからまた面白い。一部には、春シーズンのイトウ釣り自体に批判的な声があるのも事実だが、湖や河川の下流域でイトウを狙っている限り、それが「種」の存続を脅かすような行為だとは思わないし、むしろ春のフィールドに人影がなくなることのほうがよっぽど恐ろしいことだとさえ思う。

「一度でいい、イトウに出逢ってみたい……」

そんなイトウに強いあこがれを持つ道外のアングラーが、比較的出逢いのチャンスが多いこの時季に遠征してくることを、大いに歓迎したい。まずはイトウという魚の魅力をより多くの人に体感してもらって、良き理解者をひとり、またひとりと増やしていく。そうやって地道に種の社会的価値を高めていくことが、「イトウの保護」という恒久的な課題と向き合っていく上でも、役に立つ時代が必ずやってくる。僕は、そう信じている。

川面を埋め尽くすベイトフィッシュの群れ
5月の湿原河川は、生命感に満ちあふれていた

天才肌の105㎝
ルアーにはなかなか反応しなかったくせに、リリース時には大量のトンギョを口から吐き出した

荒涼とした大地を流れるイトウの川
この景色を観るたびに、いつも大きく心が揺り動かされる。
僕にとってこの場所は、替えの利かない心のふるさと

ボイル撃ちでヒット！
ご馳走食べ放題でかなり警戒心が薄れていたようだ。狂ったイトウは、一発でヒットすることが多い

5月下旬の110㎝
このサイズのファイトは強烈。彼と一本のラインでつながった瞬間から、しばらくアドレナリン全開だった

赤色が抜けていない個体
まだまだ回復途上。もしこんな魚をキャッチしたら、たっぷりと時間をかけて体力の回復を図りたい

肌艶のいい回復系
ほぼ完ぺきに近いコンディション。もしかすると、産卵に参加していない可能性もある

朝日に照らされた101㎝
春のグッドコンディション。次の瞬間、ものすごい勢いで元の住処へと帰っていった

迫力の着水シーン！
エンジン全開のファイト。暴力的なファイトに、しばし翻弄されてしまった

タンポポと利尻富士
この情景は、本格的な春のイトウ釣りシーズンがいよいよ始まったことを、僕たちアングラーに教えてくれる

神秘の「青」に心震えるとき

イトウ／ミヤベイワナ／ニジマス／ブラウントラウト

紫色で砂丘を彩るハマエンドウ
荒涼とした道北の原野には、この花がよく似合う

湿原河川の河畔に咲いたクロユリ
可憐だけどちょっと不気味。香りも独特で実に個性的

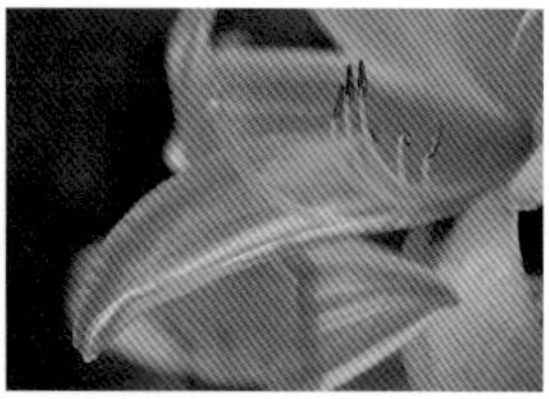

原生花園のシンボルエゾカンゾウ
この花の開花を合図に、道北の湿原が一気に活気づく

6月上旬、季節の歩みが遅い道北地方にも、ようやく本格的な春が訪れる。海岸沿いに広がる原生花園には、エゾカンゾウの黄色やエゾスカシユリのオレンジが目立つようになり、そこにハマナスのピンク、ハマエンドウの紫が彩りを添えている。勢いを増した木々の緑や日本海ブルーを背景にすれば、色鮮やかなその光景はまるで天然のパレットを観ているかのようだ。

一方、南風が吹くことが多くなるこの時季、海風が吹き込む形になる釧路や苫小牧などの太平洋側の地域は、深い霧に包まれる日が増える。日中でも10℃に届かない日もあって、少し離れた内陸の街との気温差がビックリするほど大きくなることも稀ではない。

道北のイトウシーズンはまだまだ続くが、日を追うごとにイトウは広範囲に散りはじめ、個体数が極端に多い猿払川《さるふつがわ》や朱鞠内湖《しゅまりないこ》を除くと、だんだんとつかみどころのない釣りを強いられるようになってくる。見方によっては、一本のイトウの価値が、日増しに高まってくる季節であるとも言えるだろう。

また、北海道内の一部地域ではヤマメ釣りも解禁となるが、まだまだ小型が多く、渓流域が本格化するのはもう少し先のこと。どちらかと言えば、少しずつでもコンディションを回復しつつある本流のニジマスを狙うほうが、相対的にスリリングな釣りを楽しめるはずだ。

価値ある天塩川のシルバーメタリック
ひたすら迷走する中、運よく出逢えた降海型。
6月も下旬に差しかかると、この一尾が遠いのだ

抜群の存在感を誇るエゾスカシユリ
エゾカンゾウよりも、少し遅れて花が開く

海岸の砂丘に咲いたハクサンチドリ
道北では、海抜0m地帯に高山植物が自生する

支笏湖のブラウントラウトが「セミ」などのトップウォーターに積極的な反応を見せるようになるのも、ちょうどこの時季のこと。全道各地で十人十色の釣りが楽しめるようになるのが、この6月だと言っていい。

そんな中でも、この季節に旬を迎えるターゲットと言えば、然別湖に棲むミヤベイワナをおいてほかにないだろう。

然別湖には漁業権が設定されていて、道内ではめずらしくしっかりと管理が行き届いている釣り場だ。遊漁料は必要となるが、ボートフィッシングをメインに指定区域では岸釣りも楽しめるし、手ぶらで挑戦できるガイドフィッシングプランもある。ファーストステージと呼ばれるこの時季の解禁期間は、例年5月下旬から7月上旬頃まで。毎年、解禁期間が変動するのでその点には注意が必要だが、最新の情報は「グレートフィッシング然別湖」のウェブサイトでチェックできるので、事前に確認しておくと安心だ。

また、1日50人までという人数制限があるため、解禁日から数日間と直後の週末は予約が取りづらいが、それ以外は人数に余裕がある日も多い。「グレートフィッシング然別湖」のウェブサイトでは、ほぼリアルタイムで予約状況を確認できるようになっているので、空いている日を選んでエントリーすればOK。後日、入漁料やボート代を振り込んだら、これでミヤベイワナに挑戦する準備は完了だ。なお、ミヤベイワナの素性についてはChapter1で、アプローチ方法についてはChapter3で詳しく解説しているので、是非、そちらも参考にしてもらいたい。

ここで、然別湖に棲息しているニジマスにも少しだけ触れておこうと思う。この湖のニジマスは、レッドバンドがとても鮮やかで、そのド派手な出で立ちに驚かされることもしばしば。6月も中旬を過ぎればかなりコンディションも回復してくるので、こちらをメインターゲットとして狙ってみるのも悪くないだろう。

山あいに位置する然別湖は、1か月という短い期間に時々刻々とその表情を変えていくため、湖を訪れるタイミングがとても重要になってくる。具体的には、「とりあえずミヤベイワナに逢いたい」というアングラーなら5月下旬〜6月上旬がベスト、「一度でいいから幻のブルーバックを手にしてみたい」というアングラーなら6月下旬〜ファーストステージ最終日がベストといった具合だ。狙いたい魚に合わせて上手にスケジュールを組むことができれば、珠玉の一尾を手にできる確率は格段にアップするに違いない。

朝霧に包まれた然別湖
6月によく観られる絶景。一説によると、太平洋で発生した海霧が、十勝平野を越えてここまでやって来るのだとか

スキニーなミヤベイワナ
ボートからのキャスティングでヒット。季節の歩みとともに、魚たちは徐々にコンディションを整えていく

回復系のニジマス
岸釣りエリアでヒット。スポーニングからの回復途上の状態で、この鮮やかな発色はスゴイ！

上旬の
“ボトルグリーン”
最もイージーにミヤベイワナと出逢えるのが、ファーストステージ解禁直後のこの季節

中旬の
“アクアマリン”
この頃になると、ミヤベイワナは岸から徐々に離れる。同時に、その魚体は輝きを増してゆく

下旬の
“セルリアンブルー”
深場に移動し、青みを増したミヤベイワナ。ブルーバックを狙うなら、この時季は外せない

第３展望台から望む摩周湖
これは空を見上げて撮った写真ではない。よく見ると、湖面がわずかに波立っていることに気づくだろう

7
July

森の妖精に癒される
甘美な時間

オショロコマ／エゾイワナ／ヤマメ／ニジマス

ナガボノシロワレモコウ

モウセンゴケ

エゾノヒツジグサ

ノハナショウブ

7月の上旬、道北地方の原野を歩いてみると、6月の色鮮やかな光景とは少しばかり趣が異なり、しっとりとした落ち着いた雰囲気に包まれていることに気づく。この景色の変化こそが、北の大地にもうすぐそこまで迫った本格的な夏の訪れを静かに告げているのである。

中旬を過ぎる頃、富良野盆地にはラベンダーのフローラルな香りが漂い、まるで紫色のじゅうたんを一面に敷き詰めたかのような、圧巻の景色が広がる。青い空、白い雲、そして生命感に満ちあふれた木々の緑。大地を飾るすべての色彩が、極限まで深みを増したちょうどそのタイミングで、ここ北海道に一年で最も賑やかな観光シーズンが訪れるのだ。

では、この時季の鱒たちの様子はどうか。7月上旬には、湖の表面水温は20℃近くまで上昇し、鱒たちの活性はしだいに下降曲線を描くようになる。屈斜路湖《くっしゃろこ》などでは、高水温に耐性を持つウグイの楽園みたいな様相を示すことも多い。朝夕にやってくる一瞬のプライムタイムを逃せば、鱒たちとの知恵比べは、終始、劣勢を強いられることになるだろう。

また、天塩川《てしおがわ》や石狩川などの大河川も、中旬くらいまでは適水温を保っている年もあるが、やはり水温は上昇の一途をたどる。そして下旬にもなると、日中に水温が20℃を超えてくる日もめずらしくなくなり、鱒たちの活性もどんどんと低下していく。それでもこちらは川なので、雨後などコンディションの良い日を選びさえすれば、まだまだ鱒たちと対等に勝負できるシチュエーションも残されていると考えていい。

ただし、大型のニジマスに関しては、高水温時でもヒットに持ち込めるケースはあるものの、あまりファイト時間を長引かせると、酸欠を起こしてリリースに失敗することもあるし、ひどい場合はファイト中に絶命してしまうなんてことも起こる。何を隠そう、僕自身もそんな悲劇を引き起こした経験のあるダメアングラーの一人。高水温時の大型ニジマス狙いには、それなりのリスクが付きまとうことを、是非とも頭の片隅に置いておいてもらえたらと思う。

7月に入り、コンディションが下降気味となる湖や本流域とは打って変わって、ホットなシーズンを迎えるのが河川の渓流域や源流域だ。また、中・下流域でも、尻別川など湧水が豊富で水温が安定して

尻別川支流の魚止めの滝
北海道っぽさはあまり感じないが、涼を求めるならここは最高の環境だ

かなやま湖畔のラベンダー畑
7月の北海道と言えばこの景色。イトウ釣り場としても有名なかなやま湖であるが、最近は映画「糸」の絶景ロケ地としてにわかに脚光を浴びている

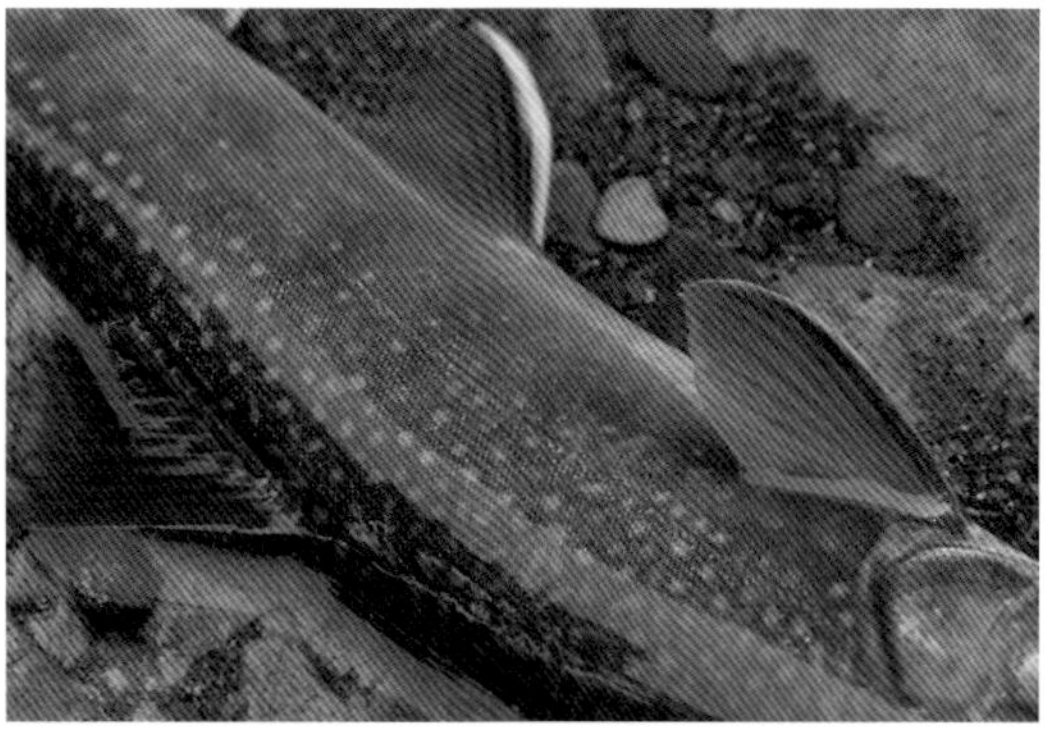

知床半島羅臼側河川のオショロコマ
まとまりのある原色系コーデは、知床半島羅臼側河川に棲むオショロコマの標準形

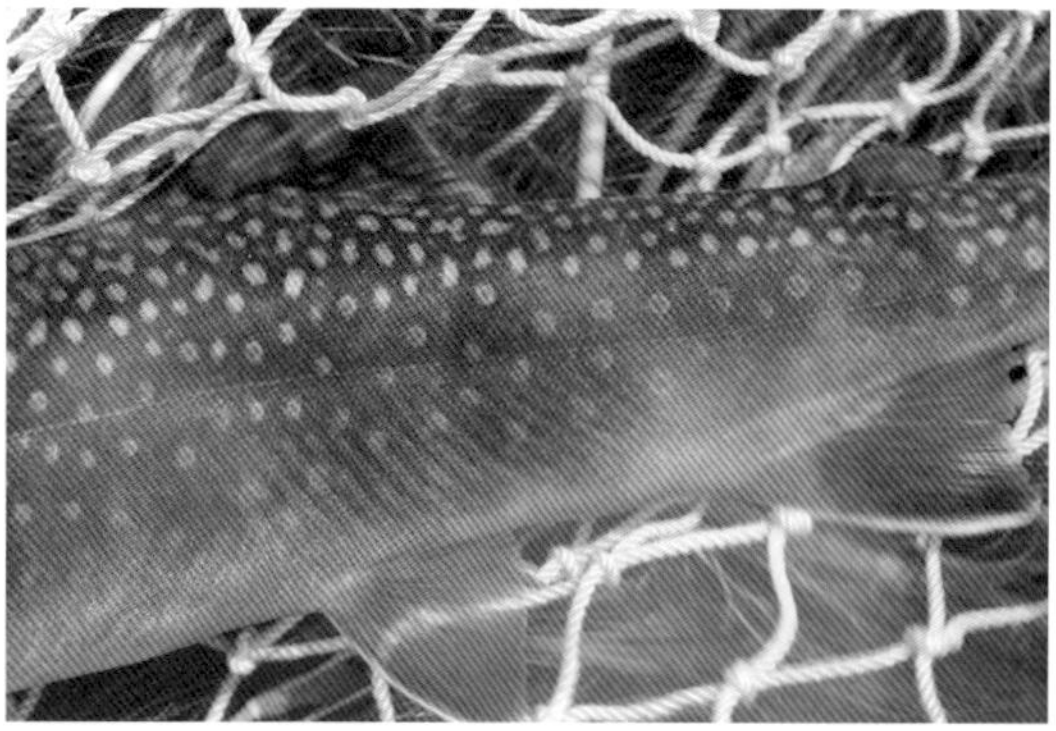

湧水河川のオショロコマ
妖艶？ それとも毒々しい？ 羊蹄山麓の魚によくみられる特徴が、はっきりと現れた個体

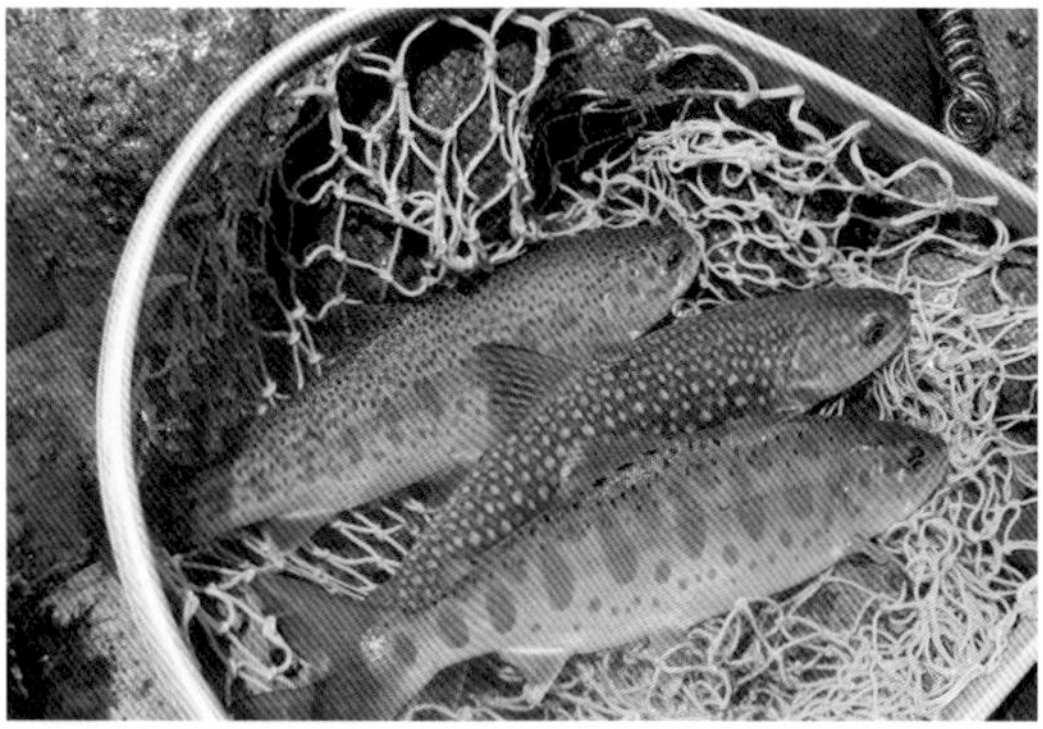

尻別川本流のスリーショット
狙いどおり3魚種の釣り分けに成功。首都圏の管理釣り場で培ったノウハウが、まさかここ北海道で活かされる日がくるとは……

貫気別川支流のツーショット
落ち込みでエゾイワナ、瀬尻でヤマメが連続ヒット！ 混生域の釣り歩きは、これがあるからやめられない

いる河川は、絶好のコンディションを保っているところも多い。

この時季のターゲットとして面白いのは、やはり、オショロコマ、エゾイワナ、そしてヤマメだろう。

まず、オショロコマ。その棲息地には、知床や大雪山系などの山深い地域が多い。よって、だいたい6月いっぱいまでは、残雪に覆われていたり雪代の影響が残っていたりで、フィールドにエントリーするだけでも危険が伴うこともある。

そういう意味では、この7月からが本格的なシーズンインになると考えてもらっていいかもしれない。魚のコンディションが上がってくる時季とも重なるから、オショロコマを狙うには、ちょうどよいタイミングであると言えるだろう。

エゾイワナは5月・6月から狙える河川も多いが、いわゆる「源流イワナ」を狙うなら、やはりシーズンはこの7月から。いくつかの源流に入ってみて、オショロコマとエゾイワナがどのように棲み分けをしているのかを探索してみるのも、なかなか面白い試みだと思う。

ヤマメは、7月上旬だとまだまだ小型

夏の後志《しりべし》は鱒釣り天国！

1. エゾイワナ（蘭越町）
2. ヤマメ（黒松内町）
3. オショロコマ（ニセコ町）
4. 苔むした源流域の流れ（岩内町）
5. 高原リゾートの夏空（真狩村）
6. ミヤマクワガタ（ニセコ町）
7. オショロコマ（真狩村）
8. ヤマメ（京極町）
9. エゾイワナ（喜茂別町）

が多い。数は釣れるが、メインターゲットにするには少々もの足りなさが残るのも確かだろう。

やはり、ヤマメを狙うなら7月中旬以降がいい。この時季になれば、ベイトを飽食し急激に成長した良型ヤマメに出逢えるチャンスも増える。大型の個体が少ないここ北海道で「尺ヤマメ」の釣果が聞こえはじめるのも、ちょうどこの時季のこと。大きさだけの比較なら、ほかの鱒にまったくかなわないのに、しっとりとして艶めかしいヤマメの姿を想像しただけで、ついつい、そっちのほうに足が向いてしまうアングラーは、きっと僕だけではないはずだ。

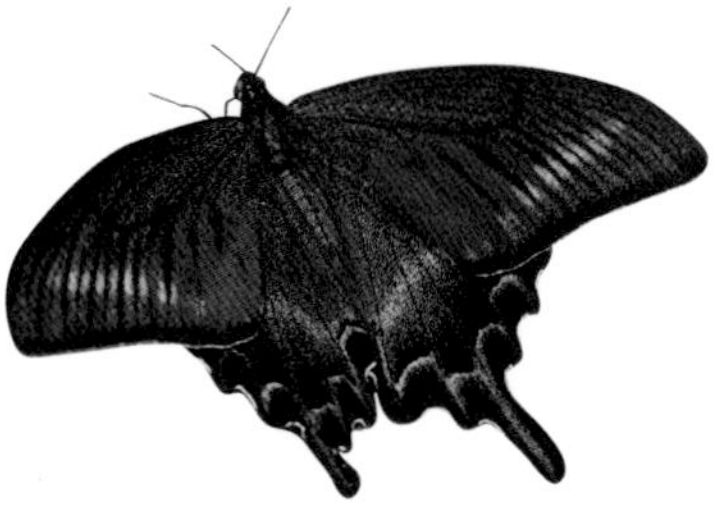

Hitorigoto
at dawn, July

7月、夜明けにひとり「イトウ」を語る

夏、北の大地の夜明けは早い。外が明るくなって、「もう、起きる時間かな？」なんて思っていると、まだ午前4時前。そんなことが、日常的によく起こります。

こんな時にふと思い出すのが、春のイトウ釣りのこと。この日は、「ボイルもないし、最近はめっきり魚が減ってしまった」という地元アングラーの声を思い出しました。

さてさて、「ボイルも少ないし、最近はめっきり魚が減ってしまった」というのは、はたして事実なのでしょうか？

「現象」の分析は正しいけど、「結論」は正しくない。それが、正直な感想かなぁ〜。

「ボイルが少ない」というフレーズは、たしかに当たっている気がする。10年ちょっと前、僕がイトウ釣りに本格参戦した当時は、もっと頻繁にボイルを見かけましたから。

かと言って、「魚が減ってしまった」のかと言えば決してそうではない。僕の釣果データでは、年を追うごとにスコアは上昇。経験値を積み上げた分を割り引いても、魚が減ったと感じることはまったくありません。

じゃあなんで、ボイルが少なくなったのか？ それはきっと、イトウの警戒心が強くなったのでしょう。だから、ボイルを繰り返すような大胆な行動が減った。そういうことなんじゃないかと思うんですよね。

感覚的に言うと、10年前に比べれば、イトウを狙うアングラーのアプローチにも、さまざまな工夫がみられるようになりました。ワームやビッグベイトを使っている人なんて、昔はほとんど見かけませんでしたから……。要は、アングラーの進化に魚たちも適応してきているってことなんじゃないか、と。

10年前なら、ボイルを見つけてそこにルアーを投げれば、あっさりとヒットに持ち込めることは多かったけど、最近、そのパターンはたしかに少ない。だから、「ボイルが少ない」→「魚が釣れない」→「魚が減ってしまった」という図式しか描けなくなってしまうのも、わからなくはありませんね。

「昔は、これで釣れた」というメソッドに固執していると、気がつかないうちにイトウに知恵で上回られている。それが、現実なのでしょう。大事なのは、カイゼンのベクトルを常に自分自身に向けること。そうそう、フィールドの魚が増えた減ったに関係なく、自分の努力次第で魚との距離を詰めることはできるはずなんですから。

「イトウがいるのに、出逢えない」

いつか僕も、そんな受け入れたくない現実を突き付けられる日がくるんじゃないかという漠然とした恐怖。ある日の夜明け、そんな恐怖と布団の中で3時間も格闘することとなって、結局この日は、眠い目をこすりながら仕事に出かける羽目になったのでした。う〜ん、ただの自業自得だな（笑）。

8 August

阿寒の大自然
広大な原生林に、愛らしい姿の野生動物。いつ訪れても心洗われる場所、それが阿寒

渓魚と戯れるひとときの盛夏

オショロコマ／アメマス／エゾイワナ／ヤマメ／ニジマス

8月に入ると、ここ北海道でもいよいよ暑さのピークを迎える。稚内など一部の地域を除くと、最高気温が30℃を超える日がお盆の頃までは続くので、人も鱒もさすがにちょっと夏バテ気味に……。セミや蝶にとっては、本来、ちょうどいい気候のはずなのに、最近はちょっと元気のない彼らの姿を見かけることもあって、「さすがにちょっと暑すぎるよね」と同情したくなることもしばしばである。

この時季に水辺を歩いていると、バイカモの可憐な花が湧水の川を一面に覆いつくすスポットに出くわすことがある。その光景は、炎天下の中、ひたすら川を歩き続けて汗だくになったアングラーへの、ちょっとしたご褒美みたいなもの。釣り人だからこそ出逢える清らかな絶景に、心洗われることも多い。

中旬を過ぎると、しばらく続いた寝苦しさからも解放され、朝晩はむしろ寒いくらいにまで冷え込む日がしだいに増えてくる。ちょっと森に分け入れば、朽ちかけた老木から顔を出すキノコや、まるで「食欲の秋」を先取りするかのように拾った木の実を無心で頬張るシマリスの姿を見かけることも。フィールドには、早くも秋の気配が忍び寄ってきていることを実感する季節でもあるのだ。

源流域の水辺で、海から遡上してきたサクラマスの姿を見かけるようになるのも、ちょうどこの時季のこと。サクラマスの産卵風景が手軽に観察できるのは、日本全国を見渡しても、おそらくここ北海道くらいだろう。

派手な婚姻色にその身を染めたサクラマスのカップルが、着々と産卵の準備を進めているシーンを見かけると、なんだかほっこりとした気持ちになったりもする。ところが、突然、どこからか姿を現した別のオスが、メスを横取りしようとパートナーのオスに激しく襲い掛かるシーンに遭遇することもあって、鱒の世界でも、「平和」が普遍的なものでないことを教えてくれるのだ。こんな心揺さぶられる光景が水中で繰り広げられるようになるのも、北の大地に秋風がそよぎはじめるちょうどこの頃のことである。

では、鱒釣りのほうはどうか。さすがに涼しい北海道といえども、日中は外にいるだけでカラダに堪える日も多い。快適に鱒釣りが楽しめるフィールドは、湧水の川か山岳渓流にほぼ限定されると言っていいだろう。そんなイメージだから、ターゲットとなる魚種は、7月と同様にオショロコマ、エゾイワナ、ヤマメ。水温が安定している川なら、ニジマス狙いも悪くない。

ただ、源流域でオショロコマやエゾイワナを狙う時に特に気をつけたいのが、凶暴なスズメバチの存在。この時季はスズメバチと遭遇するリスクが高く、勝手知ったるエリアであっても、より注意深い行動が求められる。

それを考えると、メインターゲットはヤマメに絞ったほうがベターかもしれない。テレストリアルをたらふく詰め込んで、グラマラスな姿に変身したヤマメたちに出逢えるのも、この時季ならではの魅力と言える。賢くなった大型ヤマメに翻弄されることもしばしばだが、その一筋縄では攻略できないところが、釣りの面白さを倍増させてくれるのだ。

もし、大型のヤマメだけにフォーカスするなら、セオリーどおり、ある程度、水量のあるエリアを選択するほうがいいだろう。ただし、北海道の河川環境が道外と決定的に違うのは、鮎の棲息する川が極端に少ないこと。本州の河川では、鮎を捕食したヤマメが一気に大型化することはよく知られているが、それと同じことがここ北海道ではほとんど起こらないのである。

つまりこのことは、北海道に「尺ヤマメ」が少ないひとつの理由でもあるのだが、戦略の組立てにも一定の影響を及ぼすと考えられるので、その点はしっかりと頭に入れておくようにしたい。

晩夏の霧多布《きりたっぷ》湿原

琵琶瀬展望台からの眺めは、早くも秋の訪れを感じさせる

サクラマスの産卵行動

サクラマスのカップル

♀が産卵床を掘る。♂は周囲を警戒

別の♂が♀の強奪を画策

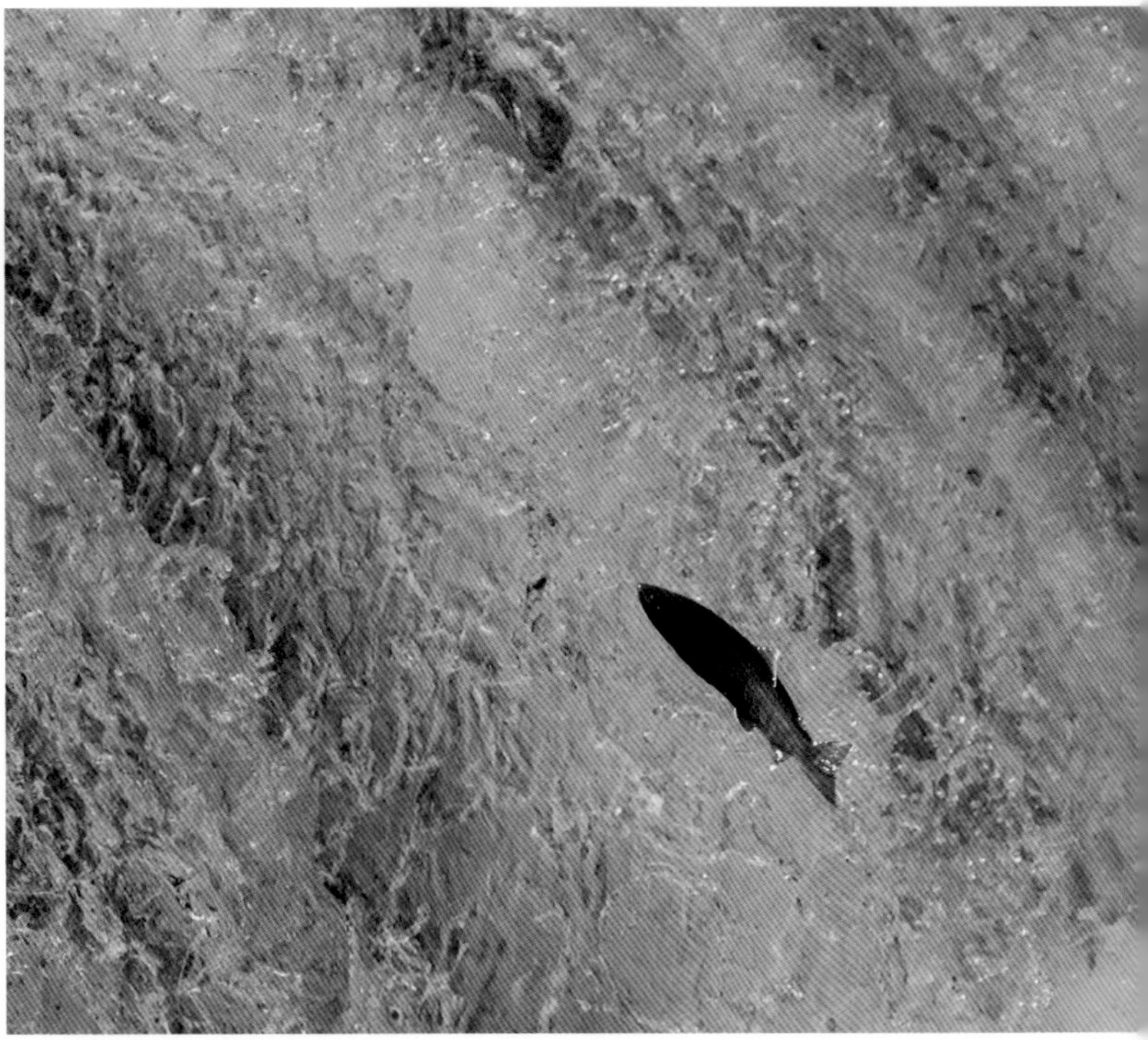
「さくらの滝」に挑むサクラマス
高さのあるハードルだが、見事にクリアしていく魚もいる

盛夏に狙いたい3魚種
オショロコマ（右）、エゾイワナ（中央）、ヤマメ（左）。
コンディションの素晴らしさは、どれも甲乙つけがたい

フィールドの脇役たち
ミヤマカラスアゲハ（右）、バイカモ（中央）、コエゾゼミ（左）。
こうした生き物が、盛夏の釣りに彩りを添えてくれる

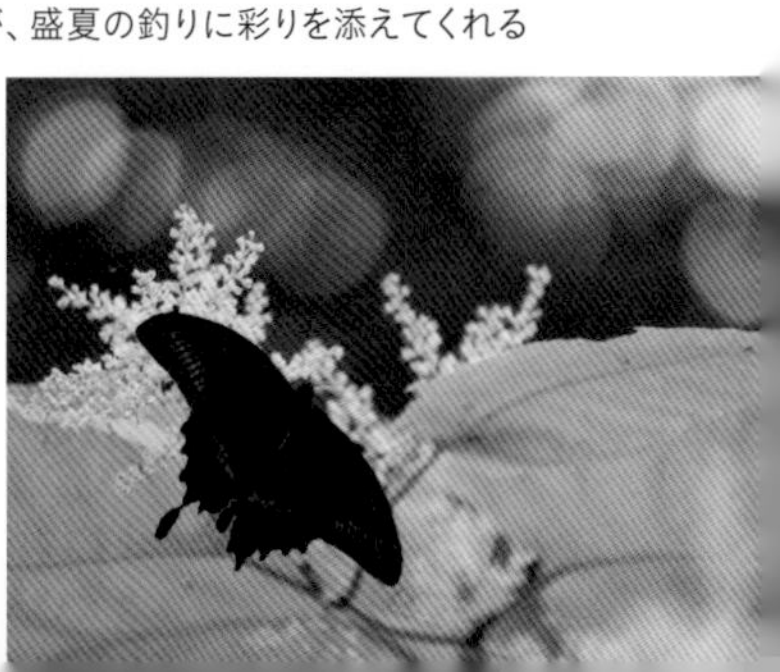

8月の朱太川でキャッチした良型ヤマメ
本流域にグッドサイズが多いのは北海道も同じ。成長スピードが遅い分、肌はきめ細やかで繊細な印象である

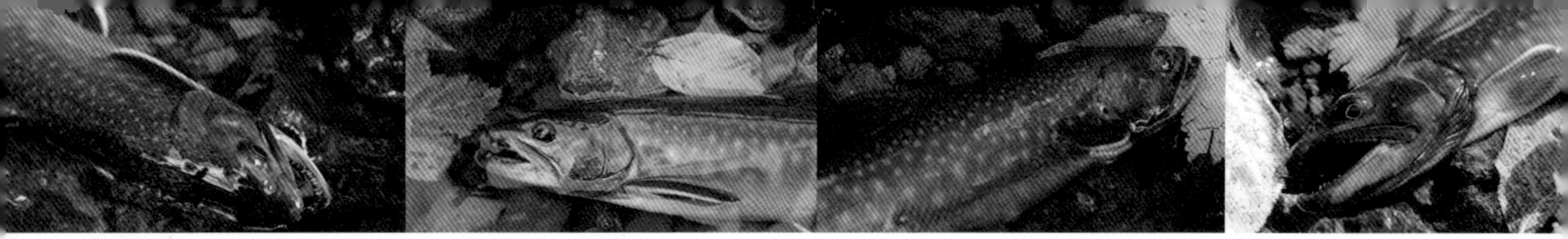

秋色に染まったミヤベイワナ
ファーストステージとはまったく別の魚のような姿に驚かされる。この斬新なコーデは、いかにして生み出されるのだろうか

9
September

秋色鱒に酔いしれる オトナの十六夜

ミヤベイワナ／オショロコマ／アメマス／エゾイワナ／サクラマス／ヤマメ／ニジマス

9月の上旬、日増しに朝と日中の気温差が激しくなる一方で、空の色はまだ夏を引きずっていることも多い。けれども、あれほどまでに厄介だったアブの大群は一瞬にして姿を消し、それに変わって大地を占拠するのはとんぼの大群。広大な丘の景色に目を転じれば、涼やかな秋の風に吹かれてコスモスの花が右へ左へと首を振っている。そう、ここ北海道では、すでに秋が本格化しようとしているのだ。

中旬を過ぎると朝の冷え込みはいっそう厳しさを増し、氷点下の気温を記録する地域もみられるようになる。寒さが身に染みる季節ではあるけれど、美しい雲海が頻繁に発生するのもちょうどこの頃のこと。ダイナミックに季節が移ろう、北海道のジェットコースターのような秋を体感するなら、この時季をおいてほかにないだろう。

季節の歩みとともに、どうやらヤマメたちも敏感に秋の訪れを感じ取るらしい。果敢にベイトを追いまわすような大胆行動はめっきり鳴りをひそめ、岩陰にじっとして流下してくるエサを待つようなスタイルに方針を急転換。8月と同じ戦略でヤマメたちとの出逢いを求めたところで、きっとにべもなくフラれてしまうに違いない。

時を同じくして、鱒たちは全身に秋色を纏《まと》いはじめる。その姿はどこまでも神秘的で、僕たちアングラーの心をくすぐるのだ。オショロコマのド派手なオレンジ、エゾイワナの力強い黒、サクラマスの上品なピンク、ニジマスのビビッドな赤。どれを取っても、およそこの世のものとは思えない一級の芸術品である。

そんな全身を秋色に染め上げた「鱒」の中でも、思わず息を呑んでしまうほどに美しい魚がここ北海道には棲息している。そう、ミヤベイワナである。

例年、然別湖の秋の解禁期間は、およそ2~3週間と短い。年によって違いがあるが、9月の中旬過ぎに解禁して、遅くとも10月の上旬に再び禁漁期間に入るのが近年の傾向である。

解禁期間は、ニジマスのコンディションが最高潮に達する時季とちょうど重なる。ドライフライでエキサイティングな釣りが楽しめるため、ファーストステージと比べるとフライフィッシャーの割合が多いのもひとつの特徴だ。

一方で、解禁を迎える9月中旬頃の然別湖は、表面水温が15℃を超えていることもめずらしくなく、冷水性のミヤベイワナは、まだディープレンジを回遊していることも多い。その分、わずかながら「ブルーバック」をキャッチできる可能性を秘めている反面、とても釣りづらく、ファーストステージのように二桁の釣果を叩き出すアングラーが続出するシーンはほとんど見られない。

そこからミヤベイワナは、日を重ねるごとに少しずつ泳層を上げていく。そういう意味では、秋は解禁直後よりもむしろ禁漁直前にエントリーしたほうが、ミヤベイワナの釣果に恵まれる確率が高いと言えるだろう。

また見逃せないのが、週を追って、秋色

扇が原展望台から望む雲海
十勝平野全体を覆う雲海は、実にスケールが大きい

突如として出現するアキアカネ
あまりの大群に、ドライブ中、運転に支障をきたすこともある

秋風そよぐ新栄の丘
美瑛有数の観光スポット。最もこの場所が賑わうのは7月だが、おススメはコスモスの花が咲く9月上旬あたりかも

紅葉の然別湖
紅葉のピークは例年9月下旬頃。年によってばらつきがあるが、運が良ければ燃えるような紅葉の景色に出逢える

を纏ったミヤベイワナの魚体がよりいっそう鮮やかさを増してくることだ。個体ごとに発色の違いは大きく、また、すべての個体が秋色に染まっているわけでもないから、息を呑むほどに美しい最上級の「秋色ミヤベイワナ」に出逢うのは、それほどたやすいことではない。

ただ、「ブルーバック」とは違い、産卵を控えた「秋色」はカケアガリを意識する傾向が強いため、セオリーどおりの釣り方でヒットに持ち込める可能性も十分。それゆえ、はじめて然別湖を訪れるアングラーにも、出逢いのチャンスは少なくないのである。

9月の北海道は、河川でのニジマス狙いも楽しい時季なので、いっそのこと然別湖の「ミヤベイワナ」狙いとセットにしてしまうという考え方もある。幸いなことに、然別湖からほど近いところには、音《おと》更川《ふけがわ》などニジマスの魚影が濃い河川がいくつも流れているので、欲張って二兎を追ってみることも現実的な選択肢のひとつ。もちろん、一兎も得ないリスクだってあるのだけれど、せっかく道外から遠征でやって来るなら、リスク覚悟で二兎を追ってみるという判断があってもいいような気がする。

秋、ルビーレッドの帯を纏ったニジマスも出現する

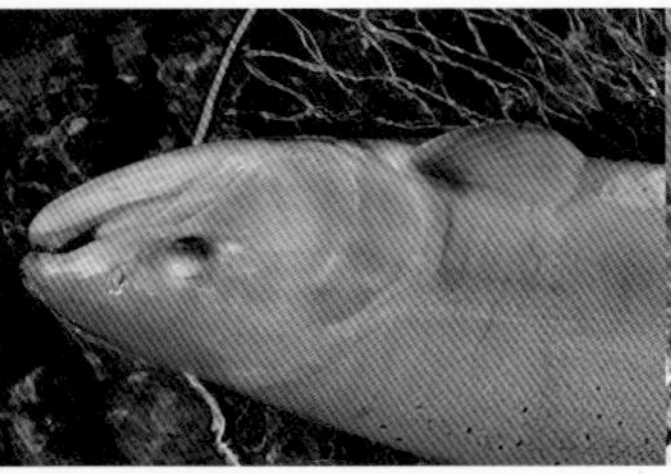

しっとりとしたピンク色は、秋のサクラマスならでは

エゾイワナも、徐々に夏色から秋色へ

秋のオショロコマは、いつも以上に派手

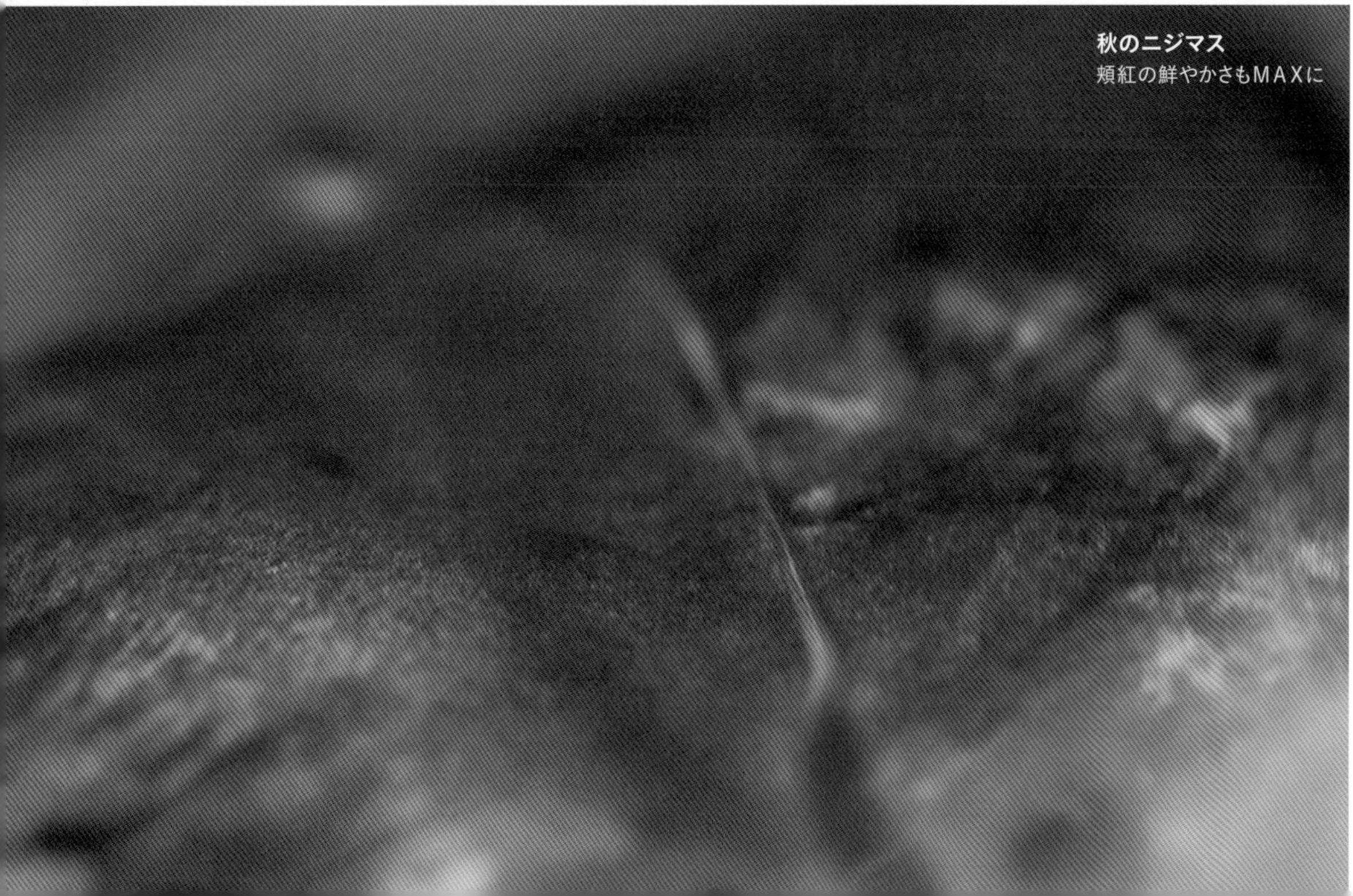

秋のニジマス
頬紅の鮮やかさもMAXに

道北の秋の風物詩
この見事な景色と悪天候は
表裏一体

10 October

ビジュアルクイーンと奏でる
轟音のオーケストラ

イトウ／ニジマス／ブラウントラウト

木の実を抱えたエゾリス
冬を目前に控え、エゾリスたちは餌を求めて盛んに動き回る

色づきはじめたカエデの葉
10月上旬になると、ここ北海道では平地でも紅葉がはじまる

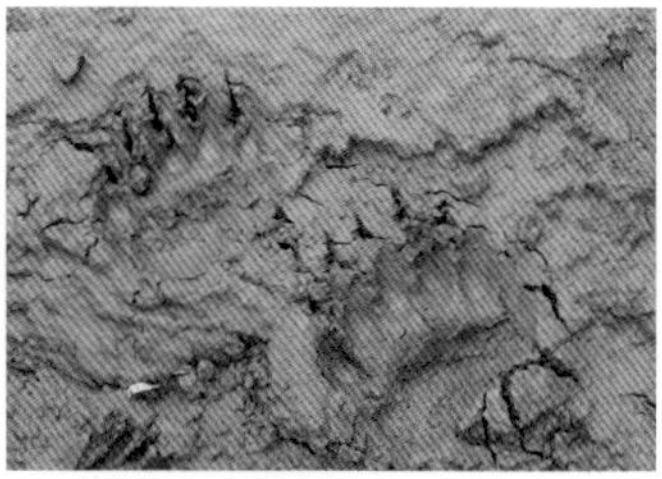

巨大なヒグマの足跡
対岸から川を泳いできて、ついさっきまでこの場所にいたようだ

日増しに朝晩の冷え込みが厳しくなる10月上旬、秋本番を迎えたここ北海道には、かすかに冬の気配も漂いはじめる。それに呼応するように、北の大地の動物たちも冬ごもりの準備を一段と加速させるようだ。木の実を集めるエゾリスの姿は愛らしくてとても癒されるが、動きが活発になるのはヒグマも同じ。大きな足跡が不意に視界に入って、サッと血の気が引くシーンが増えるのもちょうどこの頃のことである。

また、寒気の流入に伴い天候が不安定になりがちなのも、この時季の特徴。雷鳴とともに地面を激しく叩く通り雨と、錦に染まった大地に架かる鮮やかな虹は、この季節の風物詩と言えるだろう。

中旬を過ぎると、道北地方などでは早くも平地に初雪の便りが届く。それでも穏やかな日には、日中、20℃を超えるくらいにまで気温が上がることもあるから、出かけるときは薄手の服を重ね着しておかないといけない。さもないと、汗だくになって風邪をひいてしまうこともあるからご用心。直感的なイメージとしては、そんなシーズンである。

一方、鱒釣りの視点で観れば、10月上旬が秋のベストシーズン。産卵を控えたヤマメやイワナ系以外の鱒たちのコンディションは、まさに最高潮を迎えていると言っていい。特に、イトウとニジマスは10月に狙いたい魚の代表格だ。

まず、10月の前半にコンディションのピークを迎えるのがニジマス。この時季に、本流でビッグワンをヒットさせたらもう大変。時には、足場の悪い川の中を、100m以上も引きずりまわされることになる。北海道のニジマスは、驚くほどにパワフル。異次元のファイトを体験したければ、このタイミングを逃す手はないだろう。

そこから、中旬、下旬と季節が進むにつれて川の水温は急激に低下していき、それに伴ってニジマスのコンディションは下降気味となる。それと入れ替わるように、メインフィールドになるのが湖だ。

近年は北海道の湖でも、夏場に25℃に迫るような高水温になることもある。そんな年は、秋に入ってもなかなか水温が下がらず、鱒たちは低活性のまま。そして、表面水温が15℃近くまで下がってくる季節になって、ようやく鱒たちが岸寄りをはじめるのだ。そんな背景もあって、特に、屈斜路湖や支笏湖では、上旬よりも

石狩川支流の渓谷美
色づいた木々を照らす朝日が眩しい

好天に恵まれた天塩川中流域
見事な秋晴れ。こんな日は、厳しい釣りを強いられることが多い

むしろ中旬以降の方が、抜群のプロポーションをした「スーパーレインボー」に出逢えるチャンスは大きいのではないだろうか。

ちなみに、この時季の屈斜路湖では、産卵のため流入河川のインレット周辺にヒメマスが集まってくる。かつては、湖底が見えないほどの密度でインレットに集まっていたが、最近、その数は明らかに減ってきている。ただその分、大型化の傾向が顕著で、今では40㎝クラスも普通にみられるようになった。このサイズになると、オスの「セッパリ」具合もイイ感じになってきて、さながら「ミニ紅鮭」のような雰囲気さえ醸し出すのだ。

そんなヒメマスをあえて狙うかどうかは、人それぞれでいいだろう。僕自身は、「いい」「悪い」じゃなく、相対的にあまり魅力を感じないという理由で、ヒメマスを狙って釣ることはない。ただそれは、完全に個人の嗜好の問題。たまに見かける海から遡上してきた大型魚の扱いには注意が必要だが、もちろんヒメマス狙いも当然アリ。興味があれば、是非チャレンジしてもらいたい。

湖でニジマスの活性が上がってくる頃、川で主役を張るようになるのがイトウ。低水温を好むイトウは、湖や河川の水温低下とともに少しずつ動きを活発化させる。10月中旬あたりからが、一年で最もコンディションの良いシーズンと言えるかもしれない。

ただ、湖や河川の汽水域では、ちょうどターンオーバーが激しくなる時季と重なるため、思わぬ苦戦を強いられることも少なくない。秋のイトウはもともと神出鬼没で、春とは違って広範囲に散っている。そのため、ただでさえつかみどころがないのに、そこにターンオーバーが絡むと、アングラーにとってはなんとも厄介なフィールドコンディションとなってしまうのだ。

他方、条件がフィットした時には、大型魚がいとも簡単に連発することもあるからやめられない。春シーズンに比べて格段に難易度を増す反面、はち切れんばかりの頭抜けたコンディションを誇るこの時季のイトウ。たとえ偶発的にでも、珠玉の一尾を手にしてしまったアングラーは、十中八九、翌年もその川の同じ場所に立っていることだろう。秋のイトウは、「鱒」をこよなく愛するアングラーたちの心を、それほどまでに魅了してやまないのである。

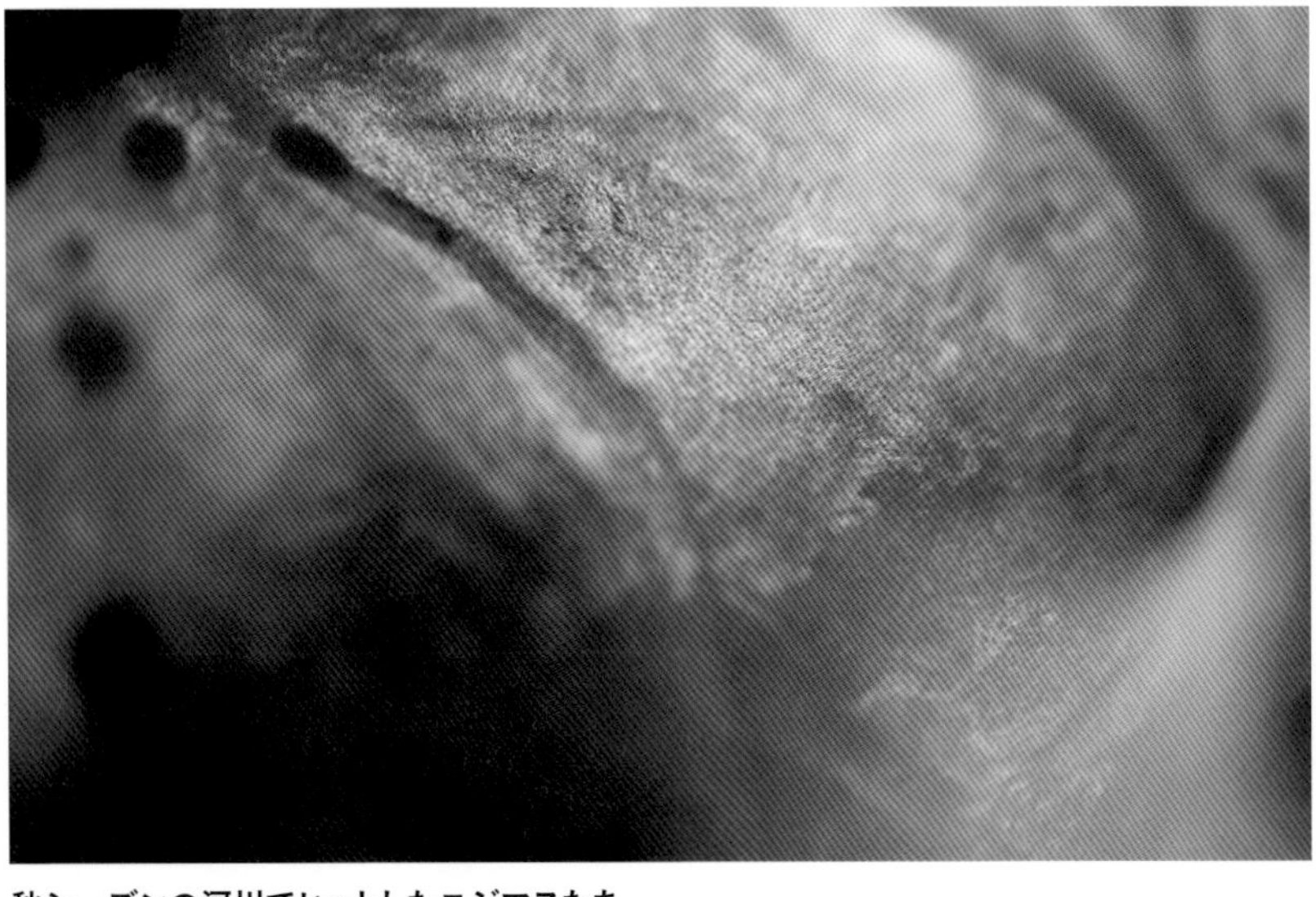

秋シーズンの河川でヒットしたニジマスたち
どの魚もパワフル。そして美しかった

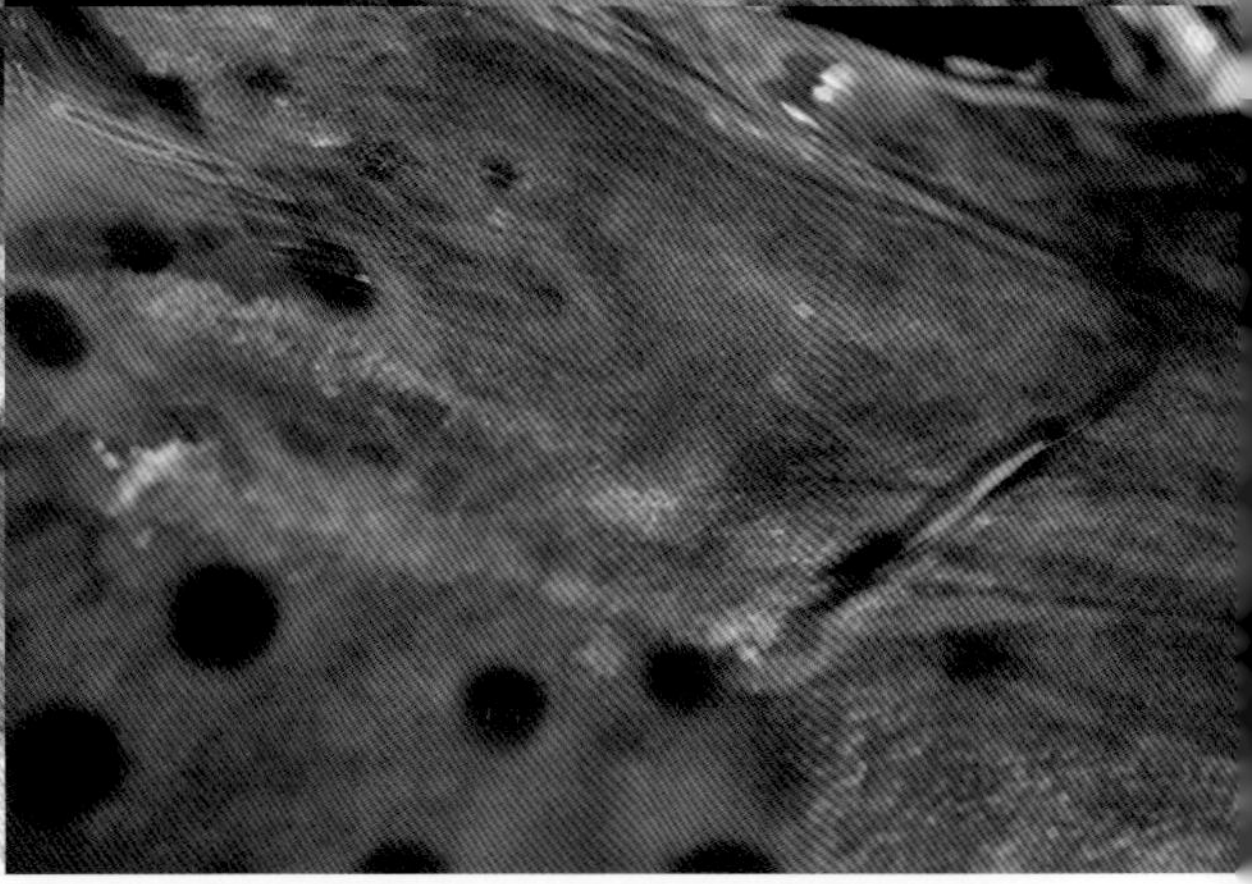

秋シーズンの湖でヒットしたニジマスたち
どの魚もプロポーション抜群。そして妖艶だった

屈斜路湖のヒメマス40㎝
このサイズになると、セッパリもかなりイイ感じになってくる

春の産卵期に傷ついたヒレも、
秋には完全な状態にまで回復

秋のイトウはサイズを選んで釣るのが難しい

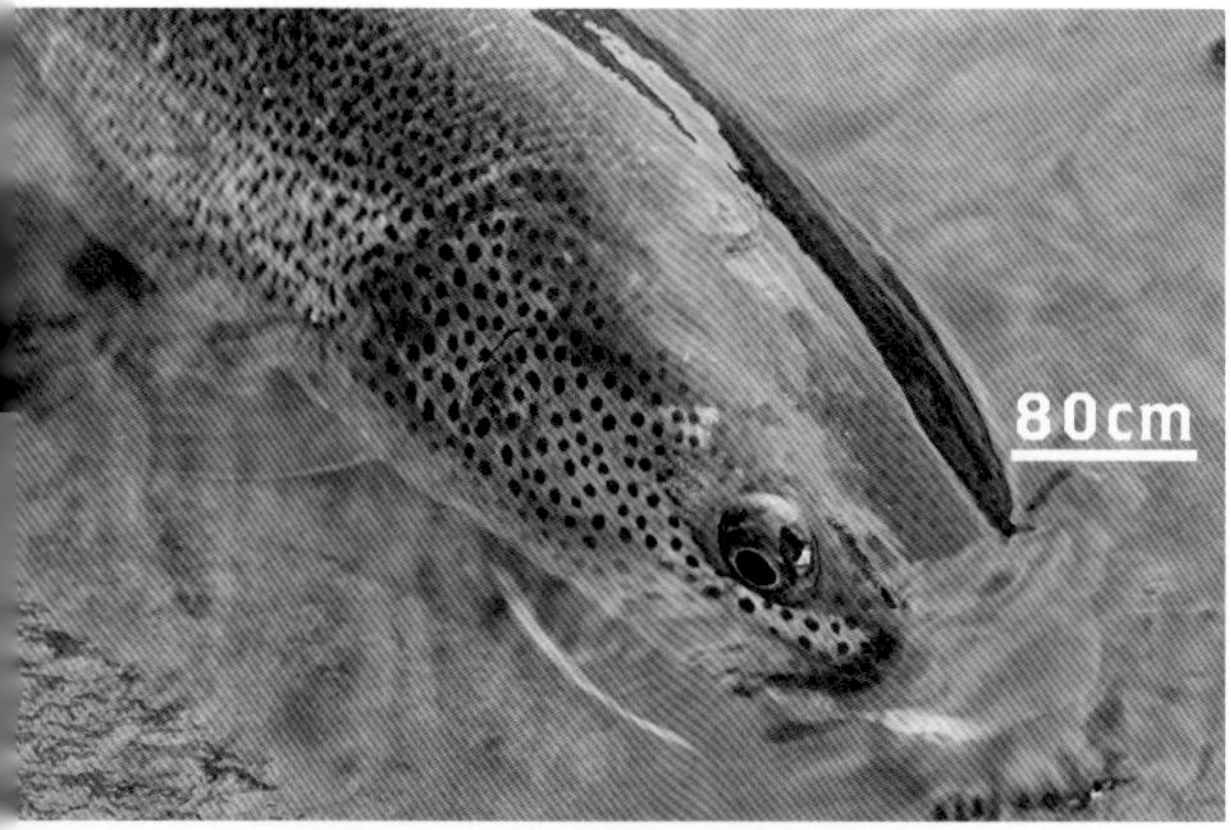

Hitorigoto

at twilight, October

10月、黄昏時にひとり「支笏湖」を語る

「支笏湖は難しい」「支笏湖は魚が少ない」

これが、道内のアングラーたちの中でこだまする、言わずと知れた定説。だけどこの定説、ホントに当たっているのかな？
当たらずとも遠からず！？　いやいや、ほとんど当たってないでしょ！（笑）

「支笏湖は難しい」という部分に関しては、完全否定はしません。実際、クリアレイクならではの難しさに直面することもしばしばだし、気まぐれな鱒たちに、終始、翻弄される日だってありますからね。
でも、「支笏湖は魚が少ない」は絶対にありえない。なんたって条件さえ揃えば、ワイルドなデカ鱒が短時間に2ケタ釣れてしまう湖。自然再生産オンリーで、こんな爆発力があるフィールドを僕はほかに知らない……。

では、なんで「支笏湖は魚が少ない」が定説になってしまうのでしょうか？　断定まではできないけれど、大きく分けて2つの要因があると思うんですね。

ひとつは、支笏湖というフィールドの特徴として、釣れる釣り方のスイートスポットが狭いこと。そのスポットにうまくフィットできなければ、どんなに足しげく支笏湖に通ったとしても、スコアはずっと「0」を刻み続ける。それを繰り返しているうちに、アングラーは「魚がいないから釣れない」と理解し、その認識が広くアングラーの間で共有される、そんな図式ですね。

誤解のないよう補足しておくと、スイートスポットが狭いっていうのは、「このルアーじゃなきゃ釣れない」という意味ではありません。ミノーでも、スプーンでも、ジグでも、はっきり言って何でも釣れます。ただ、リトリーブスピードとか魚との間合いの取り方とか、その辺の微妙なところをおざなりにすると、すぐにスイートスポットから外れてしまう。そういうことです。

そして、もうひとつの原因がコレ。
「支笏湖で魚が釣れるのは、フィールドを熟知している俺たちだからこそ」
発信される多くの情報の裏には、このようなエキスパートアングラーたちの「とんがったプライド」みたいなものがしばしば見え隠れします。でもね、僕の経験上、モノの本に書いてあるようなマニアックな釣り方をマネしなくたって、普通に魚は釣れるんですよ。
だから初遠征のアングラーにだって、支笏湖の女神が微笑む瞬間はもちろんある。キーワードは、向かい風とローライト。この2つのファクターは、やっぱり外せないけど……。

ロケーションの素晴らしさといいフィールドのスケール感といい、絶対に本州では味わえない多くの感動を与えてくれる場所。それが支笏湖。だから、もっともっとこの湖の「真実の姿」を、広く知ってもらえたらいいな。

11月上旬、少し前まで鮮やかに色づいていた木々の葉もあっという間に散り、北の方から順番に大地から彩りは失われてゆく。道都、札幌に雪の便りが届けば、賑やかだった北の大地は一気に静けさを取り戻すのだ。

初旬の頃は、小春日和の穏やかな日があるのだけれど、しだいに雪が降る日も増えてくる。「積もってはとけ、積もってはとけ……」を、ただ繰り返すだけの毎日。部屋の中にこもっていると、なんだか自然と気分が沈みがちになってしまう。

雪景色が広がる日は、大地が明るく見える分だけまだマシだ。むしろ、雪がない日に低い鉛色の雲が空にかかると、そこはもう一面のモノトーンの世界。昼を過ぎれば外はもう薄暗い感じになって、人々の心からもだんだんと生気が失われていくようにさえ見えてくる。11月中旬から下旬にかけての季節、北の大地は何とも言えない重苦しい空気に支配されるのである。

そんなもの悲しい景色が広がるこの時季だが、まだまだ絶好調を維持しているのが湖のニジマスと大河のイトウだ。特にイトウは、水温が5℃を切っても彼らはヘッチャラ。活性を下げるどころか、む

11 November

モノトーンの景色を切り裂くカムイの狂気

イトウ／アメマス／ニジマス／ブラウントラウト

サロベツ原野の日常
11月は、毎日のようにこんな圧迫感のある景色が広がる

しろ活発にベイトフィッシュを追っている様子さえうかがえる。

　しかも、一年を通じてもっとも大型のイトウが狙えるのがこのタイミング。明確な理由は定かでないが、実体験も含め、スーパービッグフィッシュの釣果が数多く聞こえてくるのが、ちょうどこの11月の1週目あたりのことである。

　むろん秋のイトウが神出鬼没であることに変わりはないから、居場所を突き止めるのも簡単ではないし、釣果に結びつけるのはさらに難しい。それでも、普段は簡単に口を使わないような大型のイトウが、この時季に限って狂ったようなアクションを見せるのも、また事実。本州のトラウトシーズン閉幕と重なるこの時季を狙って、大型イトウにチャレンジしてみるのも面白いと思う。

　さらに、中旬、下旬と季節が歩みを進めるにつれて、どんどんと寒さが身に染みるようになってくるが、イトウの活性はまだまだ下がらない。さすがに超大型の確率は下がるけれど、80cmとか90cmといったサイズならまだまだ期待大。寒さが増すにつれ、だんだんとアングラーの数も減ってくるから、まったりとイトウ釣りを愉しみたいアングラーにとってこの季節は、まさにうってつけのシーズン

散りゆく鮮やかなカエデの葉
地面が鮮やかに彩られるのは、ほんのわずかな期間だけ

苔むした林床に落ちたドングリの実
見過ごしてしまいそうな景色だけど、風情があっていい感じ

これぞ晩秋の猿払川という風景
むしろこんな怪しい雲がかかっていることのほうが多い

落ち葉も凍る厳しい冷え込み
この時季、朝の気温が氷点下になる日がだんだんと増えてくる

であると、言えるのかもしれない。

　またこの時季になると、産卵を終えて回復基調に入ったアメマスが、積極的にルアーを追うようになる。コンディション的にはまだまだ絶好調に遠く及ばないものの、彼らが頻繁に口を使ってくれることで飽きることなくロッドを振り続けられる分、結果的に、アングラーの集中力が途切れにくくなるという付帯効果も期待できる。そういう意味でアメマスは、シーズン終盤の名バイプレイヤーと呼んでもいいのかもしれない。

　ただし、この時季のフィールドでは、激しい気象現象に要注意。上空に暖気が残っている状態のところに、冷たい空気が一気に流れ込むと、雷を伴って激しい雹《ひょう》やあられが降ることもある。イトウの棲息地でもある道北地方に限って言えば、多い時には週に1回、2回と、荒れ模様の天気が繰り返されることもあるから、十分な警戒が必要だ。

　空模様が怪しい時は、絶対に無理をしない。フィールドで雷鳴が聞こえたら、すぐに安全なところに避難。これだけは必ず、すべてのアングラーに実践してもらえればと願っている。

11月下旬の天塩川佐久橋付近
なんとなく重苦しさが漂う景色。それでも、白い雪で明るく見える分だけマシ

メーター級のアブラビレ
大河の流心に潜む超ド級のイトウは、このアブラビレも巨大

晩秋の屈斜路湖でヒットしたニジマス
コンディションは幾分下降気味だが、それでも圧倒的なパワーとスピードはまだまだ衰え知らず

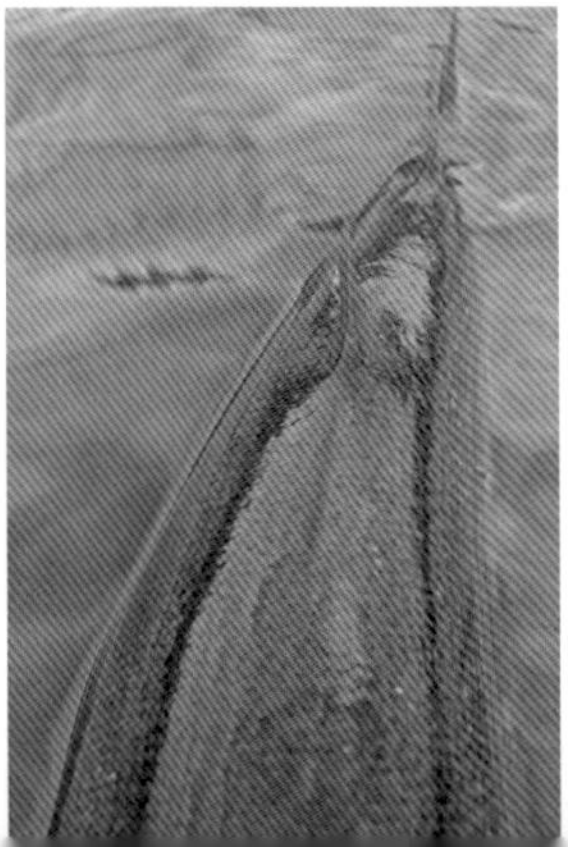

ぶっとい胴回り
これもまた、ベイトが豊富な大河のイトウならでは特徴かも

ジョーズのようにバイトした93cm
突如、水面から飛び出した背ビレに思わず絶叫

ミノーを丸呑みした103cm
イトウの本能が垣間見えたコイツのバイトシーンは、見ごたえ十分だった

リリースを待つ80cm級
このクラスのイトウなら、11月中旬以降もチャンスは十分

浅瀬に自ら乗り上げた70cm級
リリースされた後、このイトウは逃げる方向を間違えたようだ

やっと見つけた神出鬼没な秋のイトウ
あまり期待していなかった道北の単独河川で思いがけずヒット。たまには、ラッキーパンチが当たることもある

イトウ狙いの外道でヒットしたアメマス
こんなスゴイ魚たちを邪険に扱うのは、彼らに失礼というものだろう

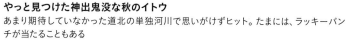

雪原を駆けるキタキツネ
餌を探して右へ左へ。キレイに生えそろった冬毛が、真っ白な雪原に映える

世界的にも希少なタンチョウ
釧路湿原を代表する鳥。青空をバックに優雅に舞う姿は、掛け値なしに美しい

天然記念物のオオワシ
フィールドでよく見かけるのがこの12月。枝にとまり、水中の魚を狙っている

屈斜路湖の朝焼け
深い雪をかき分けたどり着いた先には、いつもこんな絶景が待っている

12 December

厳寒の湖が贈る 粋なクリスマスプレゼント

イトウ／アメマス／サクラマス／ニジマス／ブラウントラウト

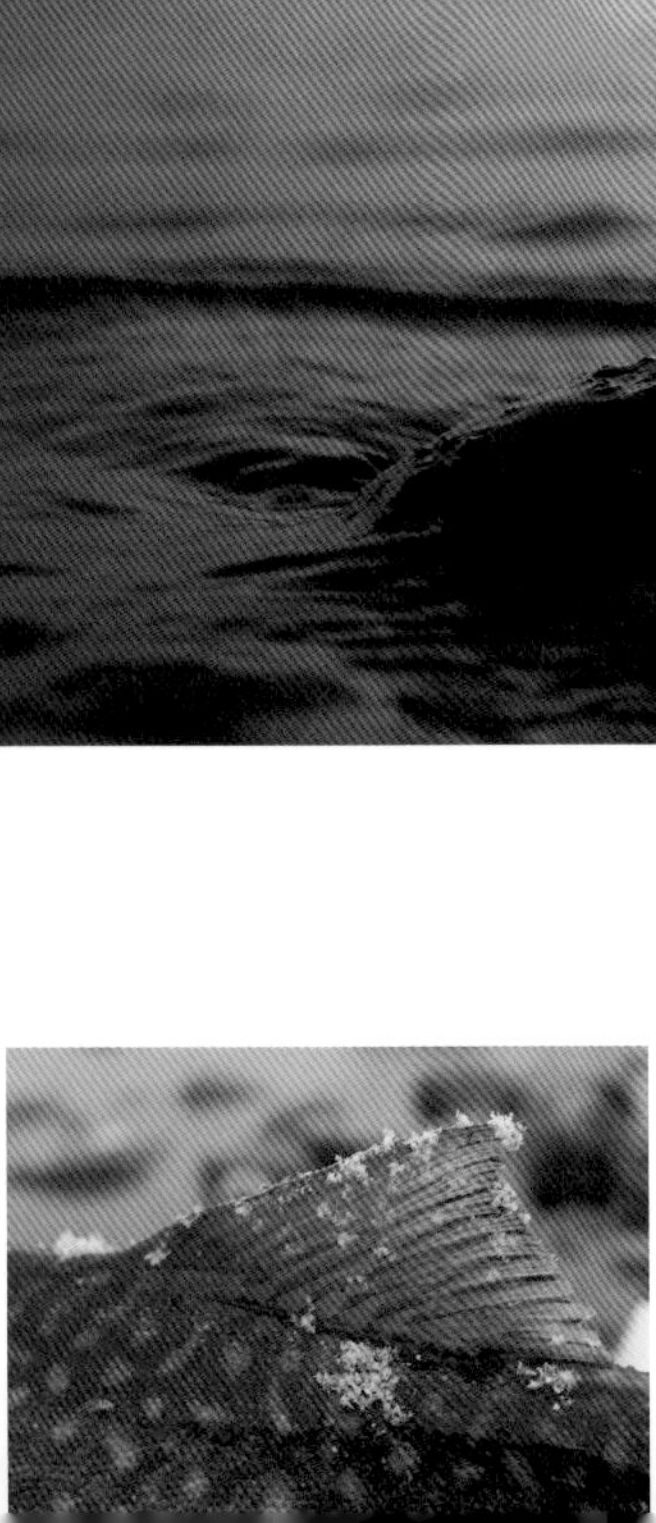

アメマスの背中に粉雪が……
魚体が冷え切っているため、積もった雪もすぐにはとけない

12月に入ると、道南の一部を除いた北海道の広い範囲が、一面、真っ白な雪に覆われるようになる。これが、春まで消えることのない「根雪《ねゆき》」と呼ばれる状態だ。

大地が雪に覆われることで、街に漂っていた重苦しさはいつの間にかどこかへ消え去ってゆく。光を反射する「白」が、景色を明るくする物理的な効果をもたらしてくれるのだろう。

さらに忘年会シーズンに突入すると、北の大地はどんどんと活気を取り戻す。札幌大通公園に色とりどりのイルミネーションが灯れば、クリスマスはもうすぐそこ。年末に向けて、賑やかな季節が一気に駆け抜けてゆく。

一方、フィールドに目を転じると、そこはさすがに北海道の12月。多くのメジャーフィールドが、深い雪に覆われるハードなシーズンの到来だ。地域によっては一晩で30㎝以上の雪が積もることもあって、ポイントまでのアプローチは困難を極めることも多い。

それでも、湖の鱒たちは高活性を保っている。例年、12月1日に洞爺湖《とうやこ》が冬季の解禁を迎えることもあって、北海道のトラウトフィッシングシーズンはまだまだ終わらない。支笏湖《しこつこ》や屈斜路湖《くっしゃろこ》のコンディションも良く、元気な鱒たちがベイトフィッシュを積極的に追うシーンをむしろ頻繁に目撃するくらいだ。

ちなみに、洞爺湖、支笏湖、屈斜路湖の各フィールドに関していうと、少なくとも年内は結氷のリスクはないと考えていい。3ヶ所の中で最も厳しい寒さにさらされる屈斜路湖でも、例年、結氷がはじまるのは1月10日を過ぎたあたりから。これらのフィールドを遠征で訪れるアングラーも、12月中なら安心して釣行計画を立てても大丈夫だろう。

河川のアメマスも、まだまだ狙える。特に道東は雪が少ないこともあって、この時季でもポイントまでのアプローチに苦労することは少ない。釧路川などは、週末ごとに多くの地元アングラーで賑わいを見せるほどの人気ぶり。アメマスのコンディションにはバラツキがあるものの、12月中であればまだまだ魚も動いているので、きっとエキサイティングな釣りが楽しめるはずだ。

さて、イトウはどうだろう。もともと冷水性の魚だから、活性が落ちて急に釣

大雪に見舞われた天塩川中流域の流れ
例年、12月中旬頃には深い雪に閉ざされる天塩川流域。こんな日は、河畔に行きつくのもひと苦労である

コッタロ湿原展望台からの眺め
対照的に、釧路湿原がある道東の太平洋側は雪があまり降らない。年末でも、この程度の雪しかないことのほうが多い

れなくなることはない。問題は、一にも二にもフィールドコンディションということになる。

　イトウのストック量が多い道北の河川は、12月に入るとどこも例外なく結氷がはじまる。猿払川《さるふつがわ》あたりだと、12月はほぼ釣りにならないと考えたほうがいいかもしれない。

　ただ、いかに寒さが厳しい地域といえども、月に2回や3回は、日中の気温がプラスにまで上昇する日は必ずあるものだ。狙いは、ズバリそんな日。深い雪をかき分け河畔に立つことができれば、イトウへの挑戦権は、確保できたも同然と言っていいだろう。

　もちろん、狙えるポイントはかなり限られるが、水の中にルアーを送り込むことさえできれば、イトウに出逢えるチャンスは思いのほか少なくない。もしかすると、ここはマニアックな変態アングラーの聖域みたいな場所なのかもしれないけれど、人生に一度くらいは、こんな過酷な環境の中での釣りに挑戦してみても面白いんじゃないだろうか。

　ただし、深い雪の中のアプローチには危険も伴う。時に、はやる気持ちにブレーキをかけながら、くれぐれも無理はしないようにしてほしい。

洞爺湖のサクラマス
洞爺湖のメインターゲットは、本来この魚

屈斜路湖のアメマス
コンスタントに狙える貴重なターゲット

釧路川本流のアメマス
川に近づくことさえできれば、こんなブリブリの個体が連続でヒットしてくることもある

支笏湖のブラウントラウト
12月に入っても、まだまだ高活性を保っている

結氷した浅場でランディング
こんな寒々しい景色の中でも、イトウは普通に口を使ってくる。雪や氷の上なら簡単には弱らないが、できるだけ速やかなリリースを心掛けたい

水温0.5℃の川から飛び出した大型
挑戦権さえ確保できれば、こんな素晴らしいイトウに出逢えるチャンスも。準備と覚悟が必要ではあるが、チャレンジしてみる価値は十分

にイトウの口の浅いところにフッキングするケースが多くなり、一撃でイトウを死に至らせてしまうことがほとんどなくなるのだ。

ここで気になるのが、ミノー系ルアーのベリーフックに魚がバイトしてきた時、ファイト中にリアフックが体の側面に刺さっていらぬダメージを与えてしまうという、よくありがちなケース。ところが、大型のイトウは扁平な頭の骨格をしているため、いわゆる「ハモニカ喰い」になりやすい。そのため、遊んでいるリアフックが魚の体側を傷つけてしまうという現象は、物理的に起こりにくいのである。

このように、「シングル・バーブレス」は、間違いなく魚に与えるダメージを軽減するための有効な手段のひとつではあるけれど、決して万能な問題解決法ではない。フックを適材適所で使い分け、本当の意味で魚に優しいキャッチ&リリースを実現しようという発想

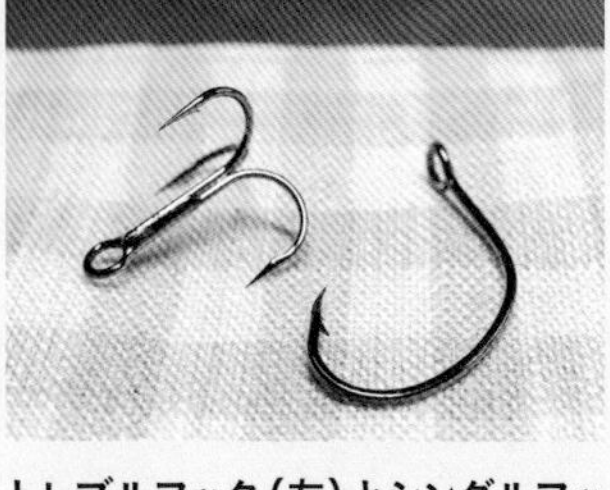

トレブルフック（左）とシングルフック（右）

致命的なのは、イトウの喉の奥に太軸の針が刺さること。それを避けるため、トレブルフックを使用することはひとつの有効な「手段」になりうる

なにより現実を直視することが大事

ずっといのちを繋いでいけますように

は、釣りの本質にもかかわってくるとても重要なアプローチであると、僕は考えている。

ところで、「シングル・バーブレス」に普遍的な価値を見いだそうとする最近の風潮に対して、僕が強い違和感をおぼえるのには、別の理由もある。

“食べもしないくせに、魚に針を引っ掛けて痛めつけるなんて野蛮だ！”

魚や釣りに関心のない一般人から聞こえてくる、こんな否定的な声。もし、こうした声にもしっかりと耳を傾け、少しでも理解を促そうとするなら、「シングル・バーブレスだから大丈夫」などという説明は、相手から見ればただの「言い訳」にしか聞こえないのだ。

釣りをする以上は、どんなフックを使おうが魚にダメージを与えているのは事実。まずはそのことを認めつつ、どれだけ魚のダメージを軽減できるかを常に考えながら、一切の予断を排して試行錯誤を繰り返していく。それが、自分自身を含め、キャッチ&リリースを志向するアングラーの責務なんじゃないかと思う。

その積み重ねを経たうえで、「魚に関心を持つこと」の価値をキャッチ&リリースに否定的な一般の人たちに対して説く。そうすることで、「無関心であることこそ、魚たちにとって最も不幸なことである」という僕たちキャッチ&リリース派のアングラーが内に秘めた「言い分」も、少しは市民権を得るのではないだろうか。

一般人を巻き込んだ議論も念頭におくとするならば、一部のアングラーがシングル・バーブレス論を絶対的正義と言わんばかりに振りかざして、異なる考え方を一様に排除しようとすることにいったいどれほどの意味があるのか、その答えはおのずと見えてくる。今回は、ひとつの問題提起の意味も込めて、自分なりに戯言を並べてみた。

さて、皆さんは、いったいどのように考えるだろうか……。

Column 2

トレブルフックは絶対悪か

「シングルフック」が是であり、「トレブルフック」は否。「バーブレスフック」が是であり、「バーブ付きフック」は否。キャッチ&リリースを前提とした釣りにおいて、昨今はそんな論調が大勢を占めるようになってきた。

シングル・バーブレスフックは、圧倒的に魚に優しい。そんな決まり文句をよく耳にするけれど、本当にそのとおりなのだろうか。ここでは、僕の実体験をベースに、「トレブルフックは絶対悪か？」というテーマで少し戯言を書き綴ってみようと思う。

ミヤベイワナは、口がとてもやわらかい魚。そのため、シングル・バーブレス限定という然別湖のレギュレーションは、極めて合理性が高い

例えば、レギュレーションとして、シングル・バーブレスフックの使用を義務づけている然別湖。そこで、もし、トレブルフックやバーブ付きフックの使用を認めたとしたら、いったい何が起こるのだろうか。

おそらく、口が柔らかいミヤベイワナに与えるダメージは、他のトラウト以上に深刻なものになることが容易に想像できる。だとすると、然別湖でシングル・バーブレスフックの使用を義務づけることは、極めて合理的な判断であるという結論に落ち着く。

今度は、大型イトウ狙いに特化した釣りにフォーカスしてみたい。

イトウという魚は、その習性から、ベイトを吸い込むように捕食することが多い。大型のイトウを狙う際にシングルフックを使用するならば、魚のパワーを考慮してかなり太軸のものを選択することになるだろう。

ところが、フックポイントの少ないシングルフックは、イトウにルアーを呑み込まれてしまうケースが多発する。喉の奥に太軸のフックが刺さると、バーブの有無には関係なく、かなりの確率で大量出血し、結果的にイトウを死に至らしめてしまうという悲劇がしばしば起こるのだ。

では、トレブルフックを使用した場合はどうだろうか。まず、トレブルフックの特徴として、フックポイントに掛かる力が分散しやすいので、シングルフックを使用するときよりも、フックの軸を細くすることができる。さらに、ミノー系のルアーにトレブルフックを2ヶ所セットすれば、バイト時

トレブルフックをセットしたミノーにバイトしてきたイトウ。上あごにフッキングしていたので、ダメージは最小限で済んだ

Chapter 3

特別講座「青いイワナ」はこうやって釣る

背を青色に染めたミヤベイワナ、通称「ブルーバック」。
トラウトフリークたちの心をくすぐる然別湖の青き宝石は、
ディープレンジに凝集するプランクトンを主食として
比類なき独自のライフスタイルを創造していたのである。

「青いイワナ」ってなんだ?

ここで話題にする「青いイワナ」とは、背中の部分が青い色彩をした「ミヤベイワナ」のこと。その姿は息を呑むほどに美しく、見る者を魅了してやまない。棲息地の然別湖《しかりべつこ》では、通称「ブルーバック」とも呼ばれ、ミヤベイワナの中で最も釣るのが難しい魚としてよく知られている。

Chapter1でも紹介したとおり、ミヤベイワナは、その見かけ上の特徴で「ブラウンバック」「グリーンバック」「ブルーバック」の3種類に分けて語られることが多い。厳密に言うと、落ちついたトーンの地味系、ピスタチオグリーンやターコイズグリーンのようないわゆる中間色に背中を染めたタイプ、パープルとゴールドのグラデーションが入ったゴージャスな貴婦人タイプなど、3種類以外にもさまざまな発色をした個体が見られるのだが、色の識別は個人の感覚にゆだねられていることを考えれば、基本分類としては、3色に分けるくらいでちょうどいいように思える。

ただ、然別湖に行けば、いつでも3色のミヤベイワナに出逢えるのかといえば、もちろんそう簡単ではない。中でも「ブルーバック」に出逢えるチャンスは、湖水が青色を呈するまさにそのタイミングに限られるのだ。

しかも、然別湖の湖水が青色を呈する期間は、表面水温が高くなる時季に限定されるし、さらに、当日の天候や直近にどれくらい雨が降ったかなど、さまざまな外部要因が湖水の色に大きな影響を及ぼす。

そのため、「ブルーバック」に出逢うには、場所、タイミング、アプローチと、考えうるあらゆる要素を、ほぼ「点」に近いところまでアジャストさせないといけない。「最も釣るのが難しい」と言われるゆえんは、こうしたフィールドの目まぐるしい状況変化とアプローチの難しさにあるのかもしれない。

落ちついたトーンの地味系
解禁当初には、このタイプが多い

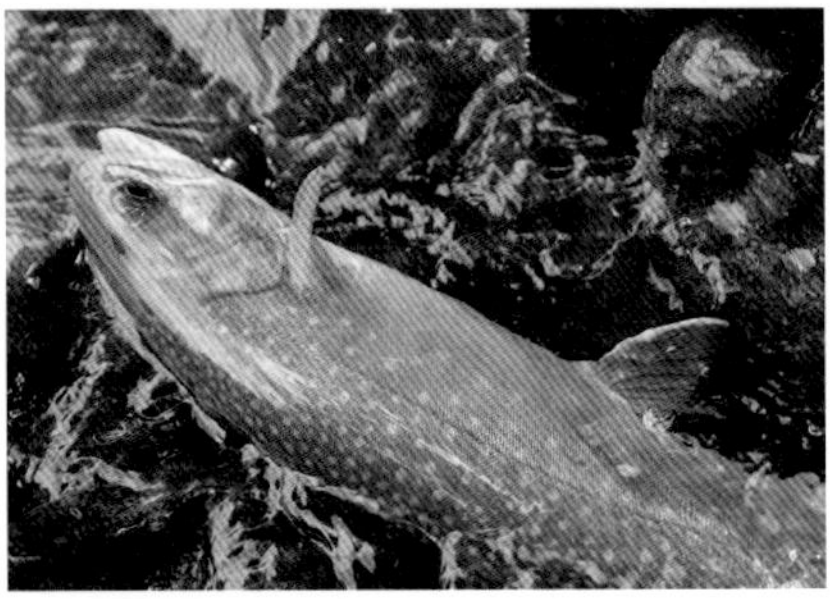

ピスタチオグリーンバック
ブラウンバックとグリーンバックの中間

ターコイズグリーンバック
グリーンバックとブルーバックの中間

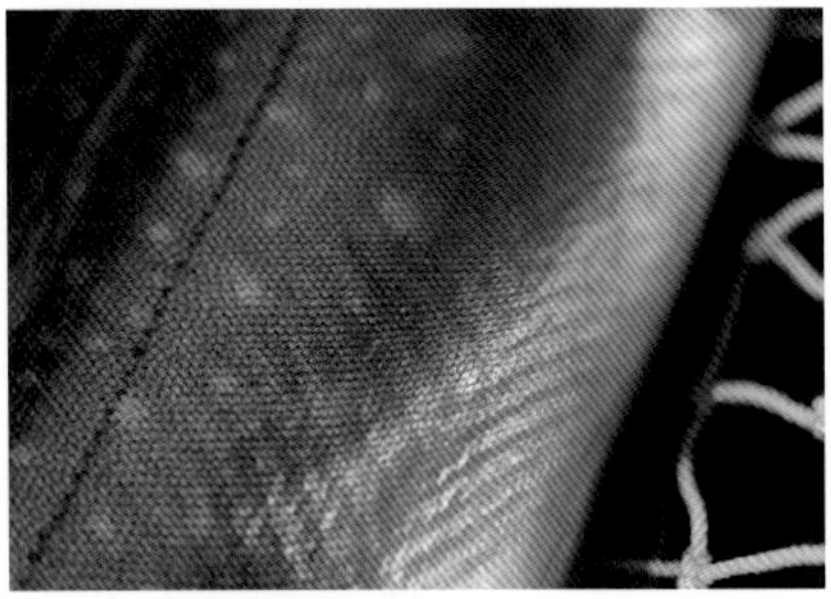

ゴージャスな貴婦人タイプ
パープルとゴールドのグラデーションが上品

「ミヤベイワナ」の誕生と歴史

ミヤベイワナは、北海道十勝地方の北部に位置する然別湖とその流入河川にのみ棲息する固有種。仮に「ミヤベイワナ」という名前がそれなりに認知されていたとしても、その誕生の歴史やこれまでくぐり抜けてきた数々の困難を知る人は、現地にも数えるほどしかいないのが実情だ。

そこで、本題に入る前に、ミヤベイワナとはいったいどんな魚なのか、また、ミヤベイワナは今日に至るまでどのような歴史を歩んできたのかについて、情報の共有という意味もこめて、簡単に整理しておきたいと思う。

然別湖は、約3万年前、然別火山群の火山活動によって誕生した自然湖。もともと流域に棲息していたオショロコマが、然別湖の誕生とともに陸封され、その後、厳しい自然環境の影響を受ける中で、然別湖周辺のごく限られた流域において独自の進化を遂げたとされる。いわば、当地におけるオショロコマの進化形が、ミヤベイワナの正体なのだ。

その後、こうしたミヤベイワナの神秘的な誕生の歴史と特異な進化の過程が明らかになるにつれ、学術的にもその価値が高く評価されることに。その流れを受け、今から50年ほど前には、北海道教育委員会が然別湖周辺の一部流域の「ミヤベイワナ」を天然記念物に指定して永年禁漁の措置をとったほか、その指定外となった区域では、ミヤベイワナ資源の適切な管理に向け鹿追町が漁業権を取得。このように、行政が主導してミヤベイワナを保護する動きが活発化したのが昭和40年代のことである。

一方でミヤベイワナは、古くから地域の漁業資源として活用されてきた歴史もあり、鹿追町は漁業権の取得を契機としてミヤベイワナの増殖事業を開始するとともに、期間と水域を限定して然別湖での遊漁を解禁。ところが、釣り人によるミヤベイワナの捕獲数が過剰な状態になったことに加え、湖畔地区から流れ出る排水の影響によって然別湖の水質が悪化したことも重なり、一時は漁業資源としての活用はおろか、絶滅の危機さえもささやかれるほどの崖っぷちにまで追い込まれてしまったらしい。

その後も紆余曲折はあったものの、鹿追町や地元の有志がたゆまぬ努力を続けた結果、ミヤベイワナの個体数は徐々に

磨き抜かれたシルバーメタリック
降海型オショロコマが見られる一部の河川を除けば、この麗しき魚体に出逢えるのは然別湖だけ

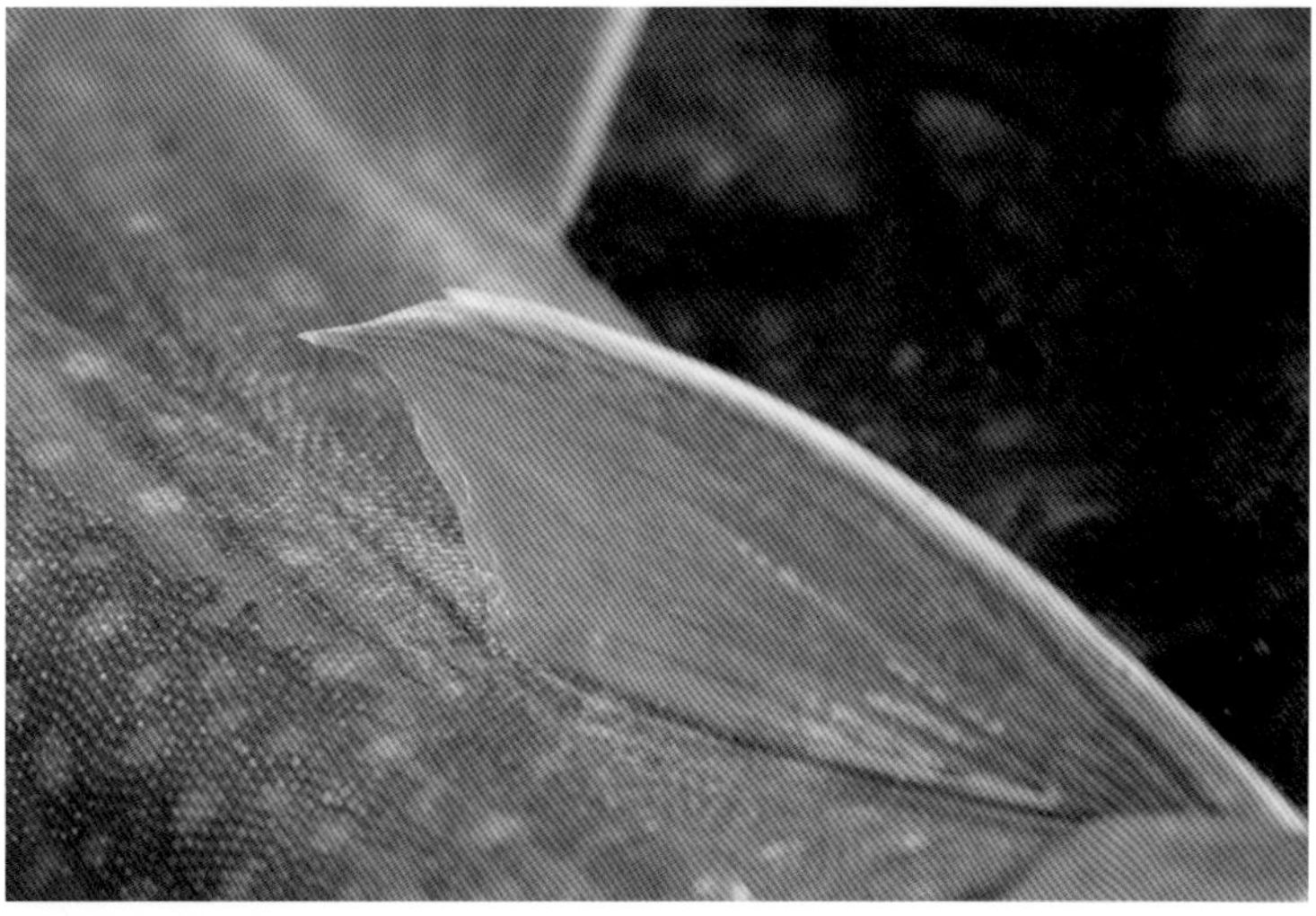

特徴的なロングフィン
異様なほどのヒレの長さも、ミヤベイワナの外形的特徴のひとつ。こんなところにも、独自の進化の跡が見て取れる

回復へと向かう。

そして2005年、「釣り人が一定のルールの下、遊漁を通じて資源調査に協力する」という当時としては画期的な手法により、ミヤベイワナの保護と利用の両立を図ろうという新たな取組がスタート。これが、現在の「グレートフィッシング然別湖」の枠組みが誕生した瞬間であり、「ミヤベイワナと釣り人のあるべき関係性の構築」という普遍的なテーマと向き合う上でも、ひとつの歴史的な転換点になったのである。

「グレートフィッシング然別湖」の理念と取組

2020年の段階で、スタートからすでに15年もの長い歴史を重ねてきた「グレートフィッシング然別湖」。「1日50名まで」と参加できる人数に制限を設けつつ、例年、5月下旬に開幕するファーストステージと9月中旬に開幕するセカンドステージの2つの期間に分けて、年間延べ50日間開催されている。

ところでグレートフィッシング然別湖のレギュレーションでは、「釣り方は、ルアーフィッシングとフライフィッシングに限定する」「使用する針はカエシのない1本バリに限る」こととされている。実のところ、これらの規定には、過去に「ミヤベイワナ」に数々の困難を強いてきた人為的要因をできるかぎり取り除いていこうという、関係者の熱いメッセージが込められているのだ。

エサの使用を認めないのは、然別湖の水質悪化を防ぐためだし、使用する針をシングル・バーブレスに限定するのは、ダメージを受けやすいミヤベイワナにかかる負荷を減らして資源量を減らさないようにするため。

「レギュレーションで決められているから守る」という基本的なアプローチはもちろんのこと、「なぜ、このルールがあるのだろうか」とルールの理念を自ら深掘りしてみることも大事。それをやるかやらないかで、アングラー一人ひとりのミヤベイワナとの接し方は確実に違うものになるだろう。

なお、グレートフィッシング然別湖の詳細については、必ず、公式ホームページをチェックしてもらいたい。料金やレギュレーションのほか、予約状況、ポイント情報、釣果情報など、多彩な情報が掲載されている。

「ミヤベイワナ」の体色に影響を与えるものとは？

一般的に魚は、身の回りの環境に順応して、体色を常に変化させている。実際、薄暗い谷のイワナは、盛期でも黒っぽい体色をしていることが多いし、反対に開けた瀬に出ているヤマメは、初期から明るい体色をしていることが多い。

ミヤベイワナも、もちろん例外ではない。例えば、カケアガリにへばりついている個体は、底石の色の影響を強く受けて「茶色」になりやすい。これが、いわゆる「ブラウンバック」というわけだ。

つまり、カケアガリにへばりついた魚を狙っている限りは、基本的に「ブラウンバック」しか釣れない。こうした理屈をしっかり頭に入れておかないと、どんなに然別湖に足しげく通ったとしても、半永久的に「青いイワナ」への道は開けないだろう。

底石のほかにミヤベイワナの体色に影響を与えるのが、湖水の色。湖水が緑色になれば「グリーンバック」が、青色になれば「ブルーバック」が出現する。つまり、仕組みは意外に単純なのである。

カケアガリに多いブラウンバック
常識的な釣り方でヒットしてくるミヤベイワナは、だいたいがこんな色をしている。グリーンバックやブルーバックを狙い撃ちするなら、湖の釣りの常識を一旦リセットすることが必須になるだろう

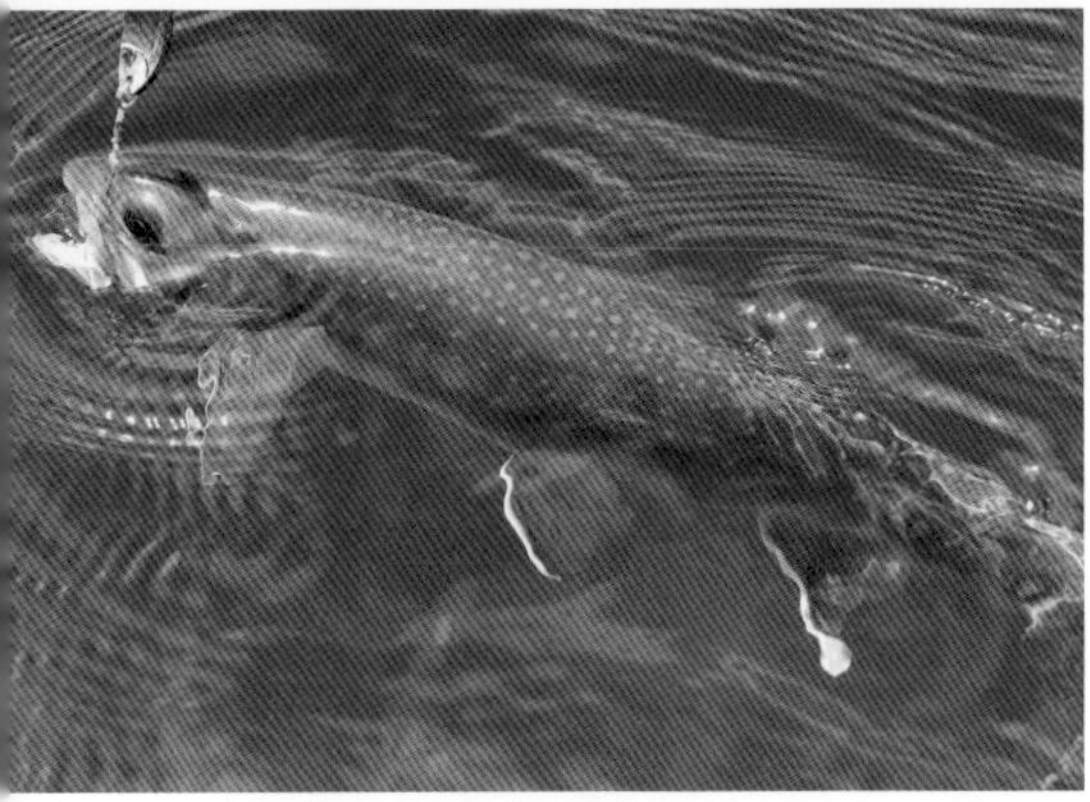

背中が青みがかったグリーンバック

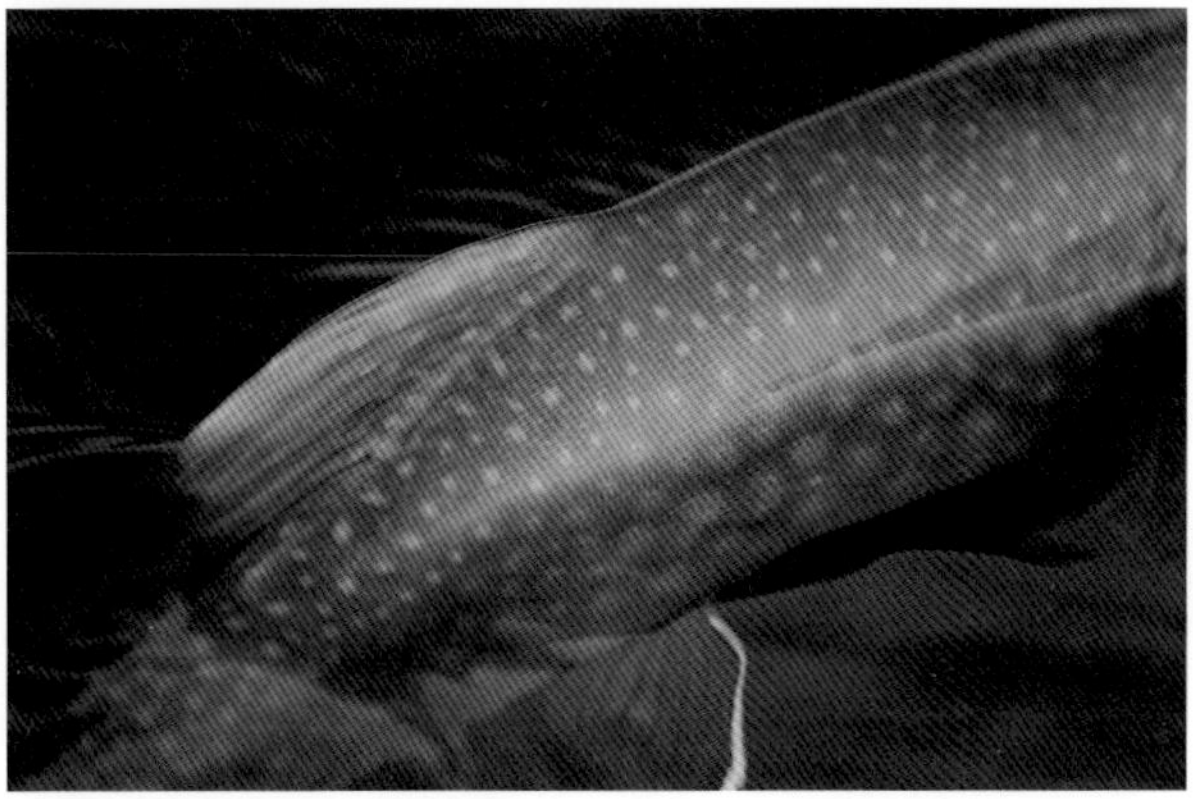

最もポピュラーなグリーンバック

ややグリーン寄りのブルーバック

シーズン初期のミヤベイワナ

（右）解禁当初に最もよく釣れるタイプ。背中は黒っぽい地味な色をしている
（左）手前の個体はやや緑色がかっているようにも見えるが、解禁当初はこれくらいの発色が限界

ブラウンバックからグリーンバックへ

少し前までカケアガリにへばり付いていた魚が、水温上昇を避けてやや沖に出た時、だいたいこんな色になる。

ピスタチオやオリーブを思い浮かべてもらうと、実際の色をリアルにイメージしやすい

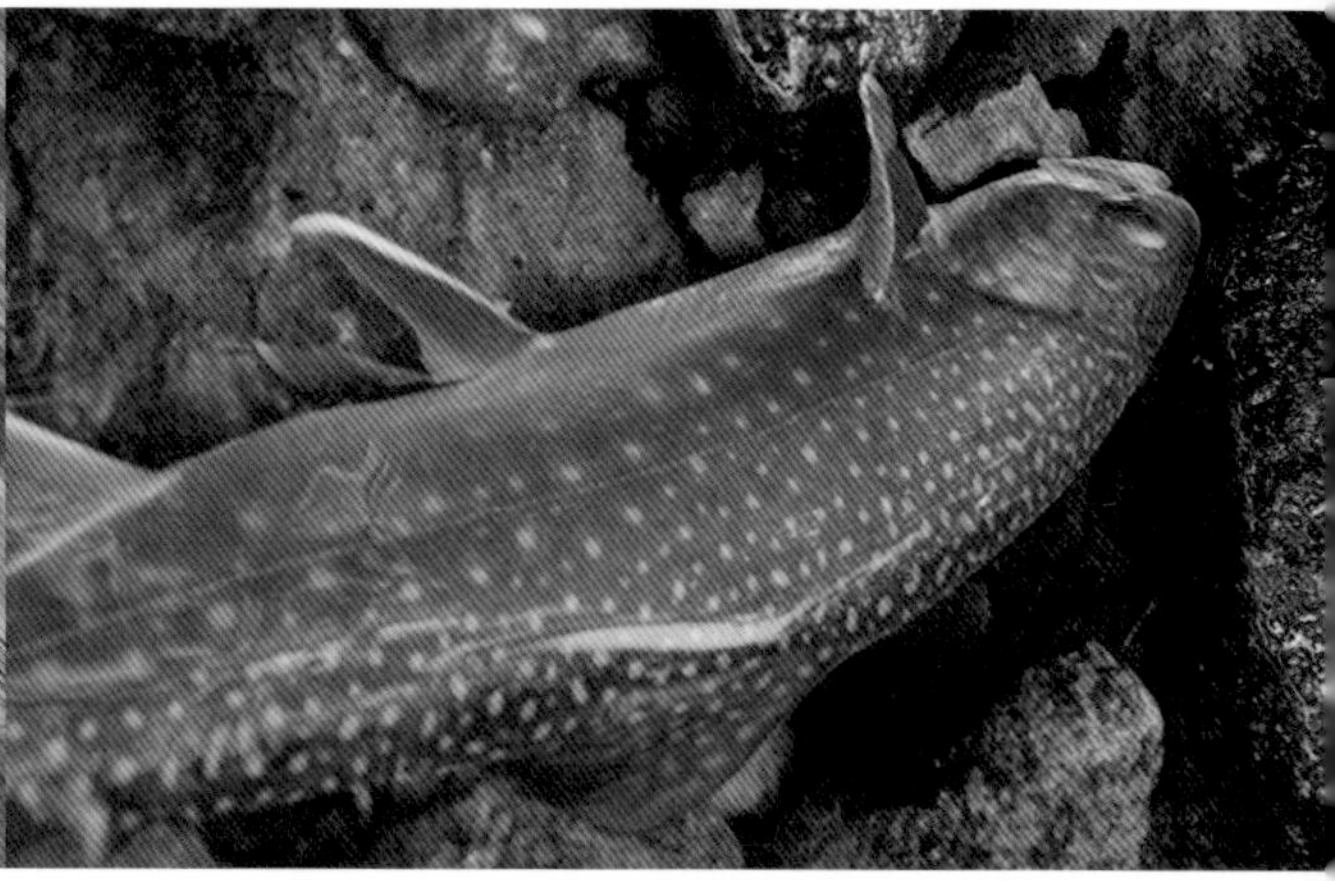

グリーンバックにもバリエーションがある

（右）まだ少しだけ茶色味を残しているが、かなり標準的なグリーンバックに近寄ってきている
（左）一見すると普通のグリーンバックだが、よ〜く見ると、背ビレの付け根だけが若干青みがかっている

「湖水の色」の季節変化

ファーストステージ

そうすると、「ブルーバック」に出逢うためには、季節の歩みとともに然別湖の湖水の色がどのような変化を見せるのか、その傾向をしっかりと押さえておきたいところ。そこでここからは、湖水の色とその時どきに釣れるミヤベイワナの色の季節変化について、解説してみたい。

例年、「グレートフィッシング然別湖」ファーストステージが開幕する5月下旬、湖水はシャローレンジに浮遊するプランクトンの影響を受け、透明度はあまり高くない。そのため、釣れてくるミヤベイワナは、カケアガリにへばりついている「ブラウンバック」か、または黒っぽい地味な色をした個体のどちらか。一年で最も簡単にミヤベイワナを手にすることができるシーズンではあるが、魚体のカラーに関しては贅沢を言えない時季でもある。稀に緑がかった色をしたミヤベイワナが混じることもあるが、狙って釣れるほどの数はいない。

そこから季節が進んでいくと、プランクトンの泳層が下がり、湖の透明度は徐々に上がっていく。それに伴って、湖水の色も少しずつ緑色に変化。例年、6月の2週目くらいには、沖目を回遊する個体にターゲットを絞って狙うと、「グリーンバック」っぽいミヤベイワナが釣れるようになるし、運がよければ、奥行きのある緑色をした「グリーンバック」が混じることもある。ただ、これがこの時季の限界。「ブルーバック」が期待できるのは、まだ先の話なのだ。

そして6月も20日を過ぎる頃、あるタイミングを境にして、湖の透明度は加速度的に上昇していく。「あるタイミング」が、いつ、どのような理由で訪れるのかは未だ解明されていないが、毎年、これくらいの時季に起こる現象であることだけは確か。湖水の色は一気に青みを帯びはじめは「青」というよりも「ターコイズブルー」に近い色だが、そこから先、日ごとに青さを増していくのである。

この湖水の色を見ると、にわかに「ブルーバック」への期待は高まる。実際、「グリーンバック」を10尾もキャッチすれば、その中に1尾くらいの確率で、背ビレの付け根だけがうっすらと青色になった個体が混じってくることも。ただこの程度では、「ブルーバック」と呼ぶには抵抗感があるのも事実で、あえて言うなら、「ターコイズブルーバック」くらいが妥当な呼び方だろうか。

さらに季節は進み6月も最終週に差し掛かる頃、湖畔から眺めていても「青い」と感じるくらい、然別湖は青く澄んだ水をたたえるようになる。年によって違いはあるし、天気によっても見え方は異なるが、極端な時は湖水の色が「青」を通り越して「瑠璃色」に見えることもあるほど。ひとたび湖上に浮かんで水面に目を落とせば、まるで宇宙遊泳しているかのような不思議な感覚に陥ってしまうほどの、神秘の世界がそこには形成されるのである。

然別湖の湖水

7月の然別湖。手前の浅場が茶色、その奥のカケアガリが緑色で、さらに沖に向かってだんだんと青みを増してゆくように見える。これくらいまで透明度が増し、青みを帯びた水色になっていれば、ブルーバックを狙う条件は整ったと考えていい

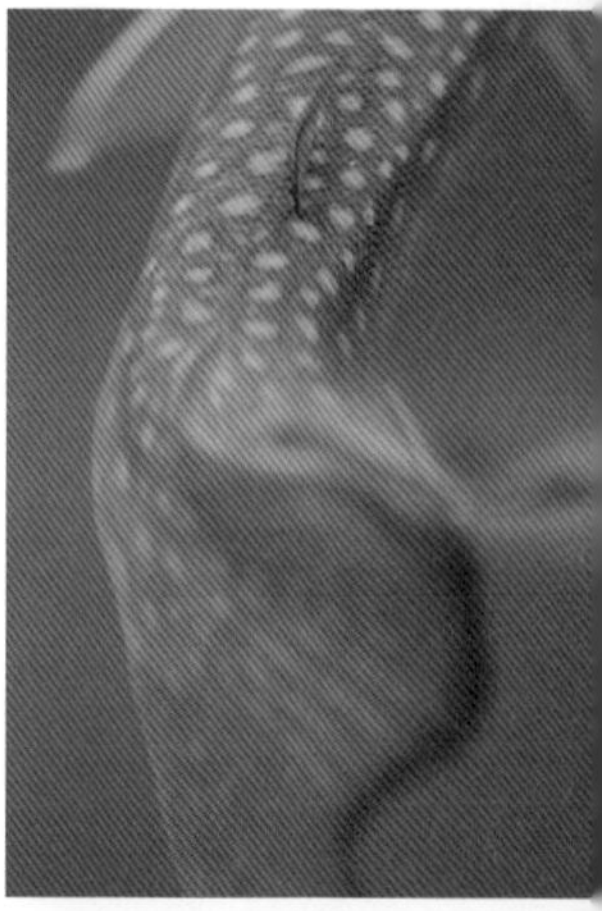

まだ、少しだけ背中が青みがかっている程度

青く見える範囲が広がった

ここまでくると、グリーンよりもブルーに近い

いざ、この時こそ、待ちに待った「ブルーバック」出現のタイミング。湖水の色の変化に歩調を合わせるように、ミヤベイワナもだんだんと青色にその体色を変化させていく。正真正銘、「青いイワナ」のお出ましだ。

ただし、時季さえ合えばいつでも「ブルーバック」に出逢えるかというと、現実はそれほど甘くない。

まず、大事なのが天気。空に雲がかかっている状況では、光の加減もあるのか青い色がくすんで見えたり、透明感に欠けていたりと、なかなか理想の姿をした「ブルーバック」に出逢うことはない。

もうひとつが、雨の状況。6月に入ってから湖の上流域に大雨が降ったりすると、湖水の透明度がなかなか上がらなかったり、色が青みを帯びてこなかったりすることがある。このような状況では、さすがに「ブルーバック」の出現は期待できない。ただこればかりは、自然現象ゆえどうしようもないのが現実だ。

セカンドステージ

念のため、9月に開幕するセカンドステージの頃の湖水の色についても触れておくことにしよう。年によって違いもあるが、9月中旬過ぎの然別湖は、まだ青々とした湖水をたたえていることが多い。このような条件をもらえれば、この時季でも「ブルーバック」に出逢える可能性はゼロではないと言える。

ただし、放射冷却現象が発生して表面水温が急激に下降し、ターンオーバーが起こって湖水の透明度が下がっていくのも、ちょうどこの頃のこと。そうなると、「ブルーバック」に出逢うチャンスは一気にしぼんでしまう。極端な冷え込みがない曇りの日はターンオーバーが起こりづらいものの、今度は光の加減で「ブルーバック」に出逢うことは難しくなる。

すなわち、「晴れているけど、朝の気温は高い」という9月の然別湖としてはかなり特殊な気象条件下でないと、正真正銘の「ブルーバック」に出逢うのは難しい。そう考えてもらったほうが、無難だろう。

さまざまな条件が揃っていることを大前提に、そこに少しの偶然が重ならない限り、ホンモノの「青いイワナ」に出逢うことはできない。悲しいかな、これが現実だ。ただ、「青いイワナ」に出逢うために必要な条件がどんなものかは理解してもらえたはず。是非、釣行のタイミングの検討に活かしてもらえたらと思う。

正真正銘のブルーバック
ここまでくれば、胸を張って「ブルーバック」と言える

マッディーウォーターのグリーンバック
アクアマリンのような独特の色合い。このミヤベイワナは、濁った湖水のミドルレンジを回遊していた

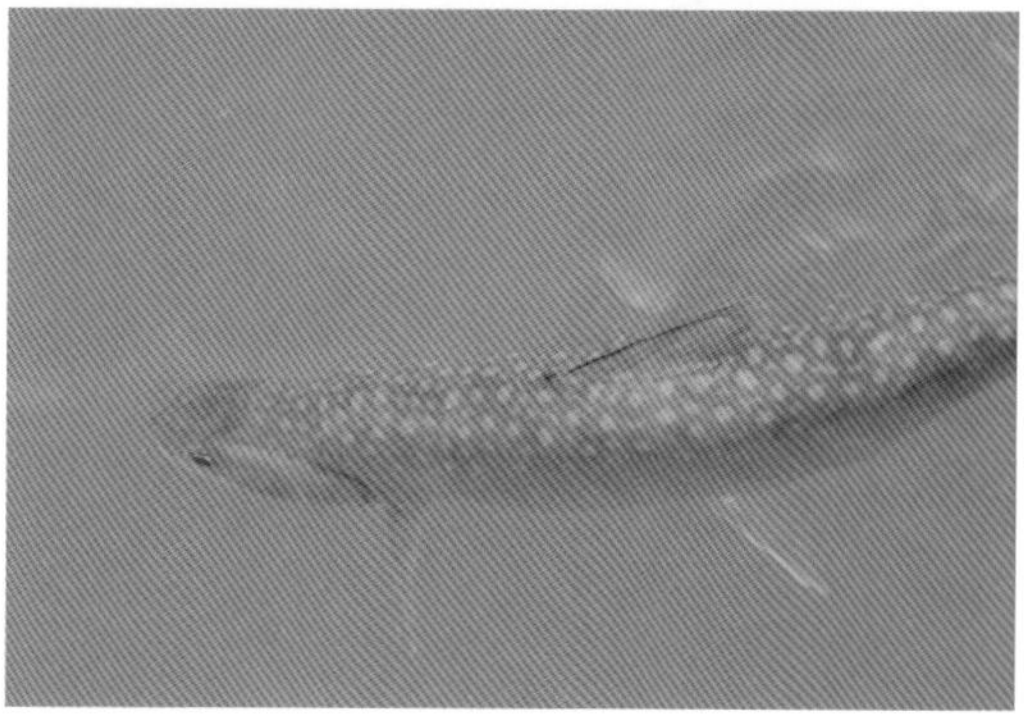

強い濁りの中でヒットしたミヤベイワナ
台風通過後、最初にキャッチした個体。濁った湖水の影響を受けて、こんな色になってしまった

ブルーバックから秋色へ
あと数日早ければ、もっとクリアな青色を呈していたのだろう

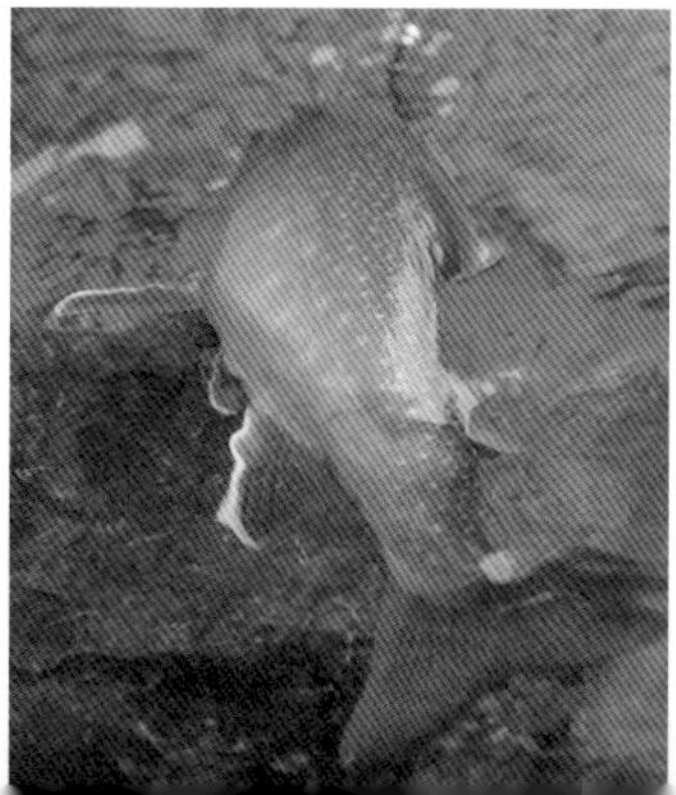

セカンドステージの青みがかった個体
この魚は、体側に上品なラピスラズリカラーを浮かび上がらせていた

「ミヤベイワナ」を釣るために必要なスキルとは？

ここからは、ホンモノの「青いイワナ」に迫るために必要な、もうひとつの大切な〝条件〟について解説していきたい。そもそも、ミヤベイワナが釣れないことには、最難関の「ブルーバック」に手が届かないのは当然のこと。まずは、ミヤベイワナを釣るために必要なスキルを身につけるところからはじめないといけない。

こんな言い方をすると、なにか特殊なスキルが必要なようにも聞こえるかもしれないが、決してそんなことはない。基本的にミヤベイワナは、とても釣りやすい魚。だから、最低限「投げて、巻いて……」ができれば十分だろう。

それゆえ、初めて然別湖にエントリーするアングラーや、トラウトフィッシングのキャリアが浅いアングラーでも心配はご無用。もちろん「時季に合わせた的確なアプローチができれば……」という条件は付くのだけれど、「管理釣り場に何回か行っただけ」くらいのキャリアしかなくても、ミヤベイワナに出逢える可能性は少なくないのである。

ハイクオリティーフィッシュ！
ビギナーでも、こんな美しいミヤベイワナを手にするチャンスは十分

季節で変わる「ミヤベイワナ」へのアプローチ

今度は、ミヤベイワナを効率よく釣るために有効なアプローチの方法について、季節ごとに順を追って解説していくこととしたい。

例年、ファーストステージ開幕直後の5月下旬から6月上旬にかけては、湖の表面水温は10℃前後とまだまだ低く、ミヤベイワナは、水深の浅いシャローエリアや岬周辺のカケアガリ付近を回遊していることが多い。そのため、特殊なスキルなどは特に必要なく、「投げて、少し沈めて、巻く」をやっていれば、いとも簡単にミヤベイワナと出逢うことができる。

少し季節が進んだ6月上旬から中旬にかけて、ミヤベイワナはだんだんとシャローエリアを離れ、湖の中央に向けてそのポジションを徐々に変化させていく。カケアガリには、一定数の「ブラウンバック」が残っているものの、解禁当初と比べるとその数はかなり少ない。したがって、シャローエリアから離れた個体群が

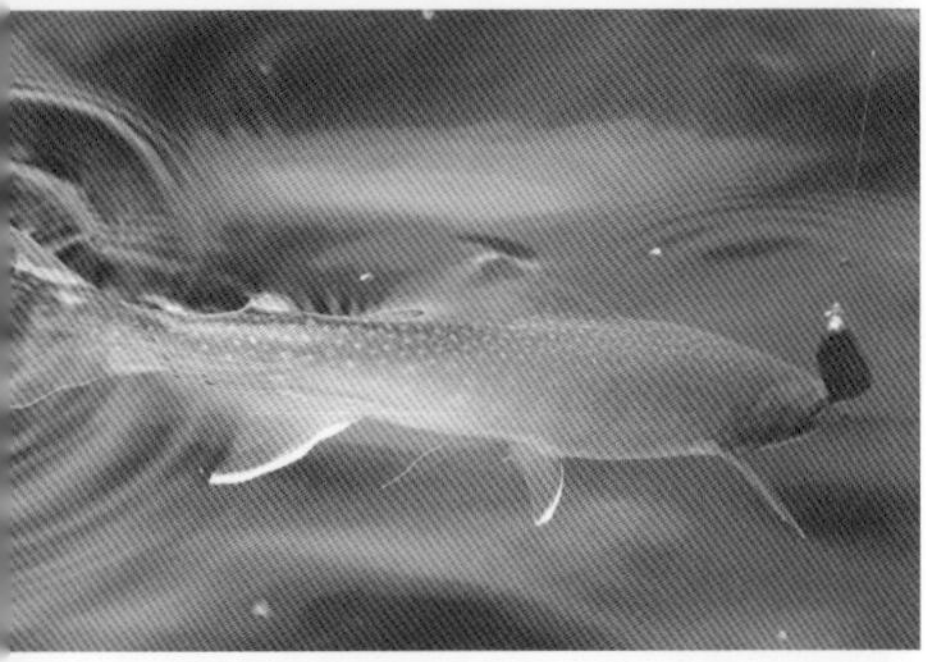

6月中旬の水深3～5mレンジでは……
こんな感じのグリーンバックが多く、コンディションも回復傾向

投げて、少し沈めて、巻いてヒット!

色は地味でも、胸ビレの質感は抜群だ

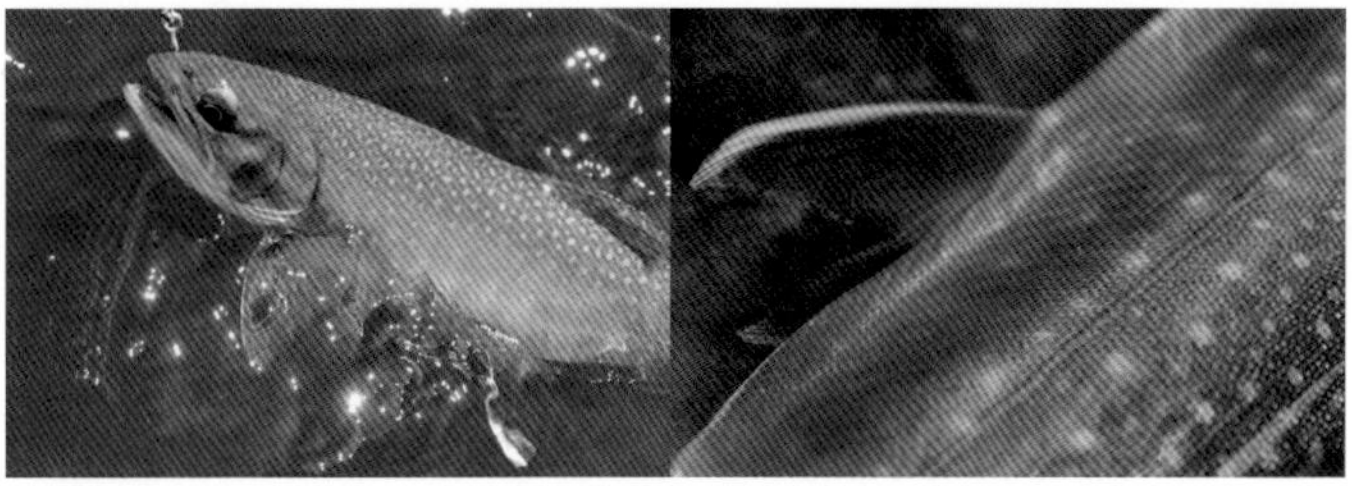

6月下旬の水深7～8mレンジでは……
同じグリーンバックでも、季節が進んだ分だけさらにコンディションは良化

回遊するスポットを見つけられるかどうかが、ミヤベイワナ攻略のひとつのカギを握ることとなるのだ。

ただ、シャローエリアを離れたといっても、湖の表面水温が15℃に届かないうちは、だいたい水深1～5mあたりのレンジをミヤベイワナは回遊していることが多い。そのため狙うレンジに神経質になる必要はなく、シンプルにラン&ガンを繰り返し、ミヤベイワナの溜まっている場所を見つけ出せばいい。あとはそこで「投げて、少し沈めて、巻く」をやれば、さほど苦もなくミヤベイワナに出逢うことができるだろう。

そして迎えた、ファーストステージ後半の6月下旬から7月上旬。湖の表面水温が15℃を超えてくるあたりから、冷水性のミヤベイワナは高水温を嫌い、水深10m前後、時には15mあたりの深場を回遊することが多くなる。そうなると、よほどの偶然でもない限り、「投げて、少し沈めて、巻く」だけではミヤベイワナとの出逢いを果たすのは難しくなってくる。しかも、仮にその偶然が起こったとしても、その魚はおそらく「グリーンバック」。本気で「ブルーバック」を狙おうとすれば、何としてでも水深10m以下を回遊しているミヤベイワナを攻略しなければならないのである。

もし、深いレンジに沈んだミヤベイワナにアプローチする術を持ち合わせていないとすれば、「青いイワナ」へと続く道は完全に途絶えたようなもの。なぜなら、この水深10ｍ以下を回遊している魚こそが、唯一「ブルーバック」の可能性を持つ個体群であるからだ。

逆の言い方をすれば、水深10ｍ以下を回遊しているミヤベイワナを攻略するノウハウを身につけてさえしまえば、「ブルーバック」に出逢うための片道切符はもう手にしたようなもの。さまざまな条件が揃ったまさにそのタイミング、そこにほんの少しの偶然が重なった時、「ブルーバック」を手にする千載一遇のチャンスは訪れるのである。

背ビレの付け根の「青」がキレイ

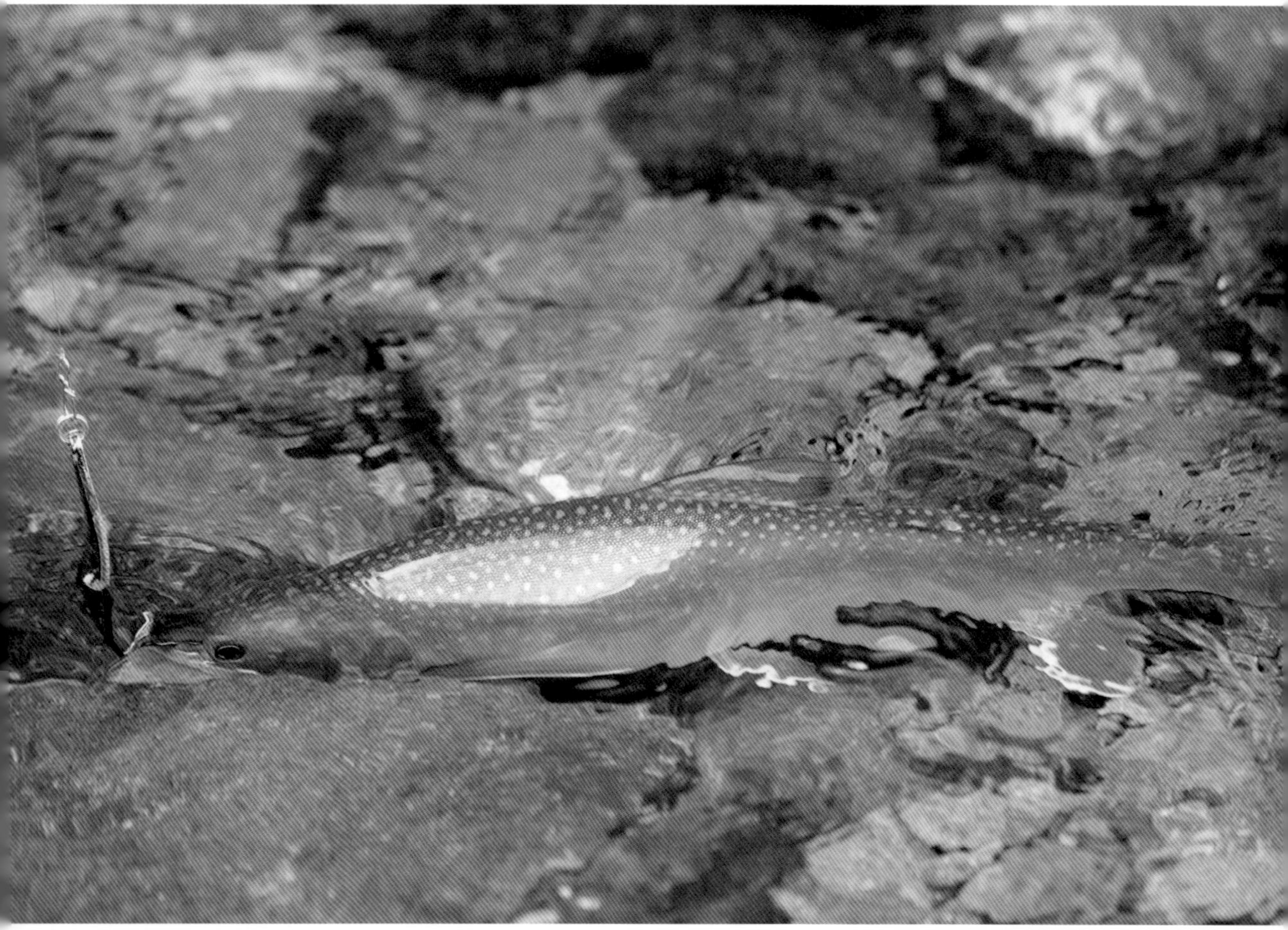

体側には少し「緑」が残るけれど、背中はほとんど「青」
是非、皆さんにもこんなミヤベイワナとご対面してほしい！

深場に沈んだ「ミヤベイワナ」を狙うための準備

では、深場に沈んだミヤベイワナは、どうすれば攻略できるのだろうか。ここからは、僕が考える最善のアプローチの方法について、詳しく解説していくことにしたい。

① タックル

深場に沈んだミヤベイワナにコンタクトするには、当然、相応の工夫が必要にはなるのだけれど、タックルは、普通のロッドに普通のリール、普通のラインに普通のルアーがあれば不足はない。

トローリング専用のタックルがないとダメだとか、特殊なラインシステムが必要だとか、エキスパートアングラーでなければ太刀打ちできないとか……、ついつい難しく考えがちになるが、決してそんなことはない。ビギナーにだって、攻略のチャンスは十分にあるのだ。

基本タックルは、6フィート前後のトラウト用ロッドに2000～2500番くらいのリールを合わせる。手持ちで1000番とか1500番のリールがあれば、もちろんそれを使ってもいい。

これからタックルを準備するなら、ロッドはできるだけしなやかなタイプのものを選んだほうが、ミヤベイワナとの相性は良い。リールはギヤ比が高いモノに越したことはないけれど、ハイスペックなモノでなくても大丈夫！

ロッドとリールを合わせて、だいたい1万円くらいの予算があれば、楽に間に合う。もし、然別湖でミヤベイワナを狙うことだけを考えるなら、数千円で買えるルアーフィッシングセットでも事足りるはずだ。

セットするラインは、ナイロン6～8ポンドがおススメ。千円くらいで買える汎用品でも、不足は感じない。ちなみに、伸びが少なく口切れのリスクが高まるPEラインの使用は、この釣りには向かないと考えてもらったほうがいいだろう。

セール品でもスペックに不足なし
メインタックルの1/10くらいの価格だが、然別湖でミヤベイワナを狙うにはまったく不足を感じない

ミヤベイワナ用メインタックル
一般的な渓流用タックルが、ジャストフィット。専用タックルを用意するのは、然別湖に通い詰めてからで十分

② ルアー

さて、ルアーはどんなモノを準備すればよいのだろうか。深場に沈んだミヤベイワナの泳層まで確実にルアーを届けるには、やはり重量のあるスプーンを用意しておく必要がある。最低でも15g、メインは18g。これがひとつの目安になるだろう。

もちろん、もっと重いスプーンも使う方法もあるが、「シングル・バーブレス限定」というレギュレーションの下では、ルアーの重量が増せば増すほどバラシを頻発することになるから、極端にヘビーウェイトのスプーンやジグを使うことはあまりおススメしない。

ブランドは、使い慣れたモノを選択するのが基本。経験上、あまり神経質になる必要はないと思う。

カラーは……、134〜135ページに掲載のコラム「カラーローテーション」をご参考に。

ただし、少し気をつけたいのがスプーンの形状だ。カップの深い形状のものは、水の抵抗を受けて浮き上がりやすい特性があるため、ミヤベイワナが回遊する深場を長い時間漂わせることが難しい。逆に、スリムすぎる形状のスプーンを使った場合、水の抵抗による浮き上がりを抑えられるというメリットがある反面、抵抗が小さい分、ラインの先につながれたルアーの動きを感じ取りにくくなるというデメリットもある。これらを総合的に勘案して、カップが浅めで幅は広すぎず狭すぎずのスプーンが使いやすい、と考えてもらえばいいだろう。

もうひとつ気をつけたいポイントが、ラインとルアーのつなぎ方。直結のほか、スナップを付けるのは問題ないが、スイベル付きを使用するとファイト時に力が逃げてしまい、バラシ連発となるので注意が必要だ。

スイベル付きを使わないことで糸ヨレが発生し、ライントラブルが頻発することもあるのだけれど、そんなデメリットには目をつぶってでも、ここはちょっとこだわってみたいポイントである。

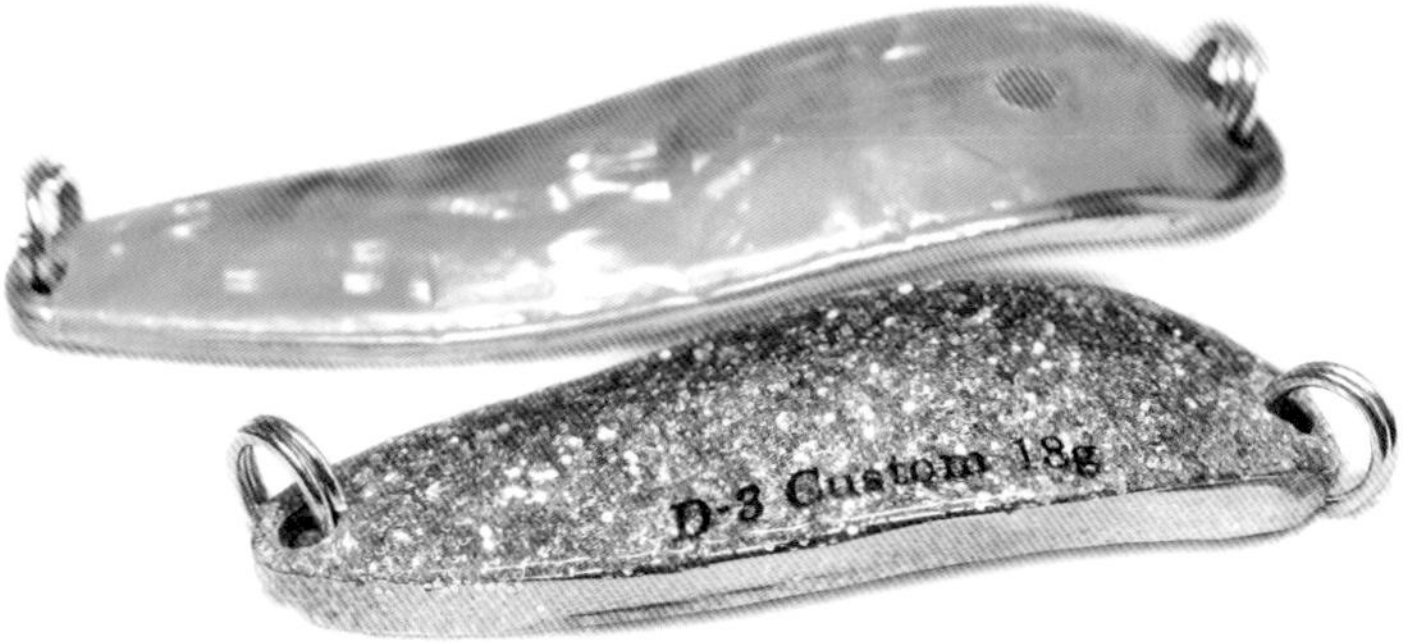

18gのスプーン
大きさは違うが、どちらも18g。穏やかな時は大きくて薄手のモノを、波のある時はコンパクトで厚手のモノを選択するのがコツ

カップの深い形状のスプーン
アピール度が高く使いやすいアイテムではあるが、深く沈んだミヤベイワナを狙うにはやや不向き

③フック

最後に、もっとも神経を使いたい「フック」について。

お店でスプーンを買ってくると、ほとんどの場合、標準で大きめのサイズのフックがセットされている。これは、製造したメーカーが、フックとルアー本体とのバランスを考慮して、あらかじめ適切なサイズのフックをセッティングしたもの。だから、もしルアーのパフォーマンスを最大限発揮させることに力点を置くとすれば、カスタマイズはせずに、そのまま使用するのが最も合理的ということになる。ところが「ミヤベイワナ」という魚の身体的な特徴を踏まえると、あらかじめルアーにセットされているフックをそのまま使用することは、あまりおススメできない。

いったい、それはどういうことなのだろうか。冒頭でも触れたように、ミヤベイワナはオショロコマの進化系だから、口が小さくて柔らかい。ここで、ちょっと想像してみてほしい。太軸で大サイズのシングルフックがセットされたスプーンに、30㎝クラスのミヤベイワナがバイト！ さて、どうなる？

ひとつは、フックが大きすぎてフッキングしないケース。経験的に言うと、ほとんどがこのパターンだろう。

もうひとつは、いかにフックサイズがミスマッチであったとしても、偶発的にフッキングするケース。とりあえずフッキングすればいいじゃないかという考え方もあるかもしれないが、実はこのパターン、ランディングに持ち込める可能性はさほど高くない。

太軸の大きなフックが刺さったミヤベイワナの口には、ファイト中にどんどんとダメージが蓄積していく。それが限界まで達した時、口切れを起こしてフックアウトというのが関の山だろう。それならば、まだマシなほう。ひどいケースでは、切れた唇がフックの先に付いた状態でルアーが回収されてくることも、実際に僕は経験した。

これは、本当に最悪。そんなシーンを見た瞬間の血の気の引く思いは、もう二度と経験したくないし、もちろん皆さんにも味わってもらいたくはない。

「キャッチ率を上げる」という観点からもそうだし、魚に与えるダメージを最小限にとどめるという意味からも、然別湖でミヤベイワナを狙うときは、是非、フックを交換してからチャレンジすることをおススメしたい。

ちなみに僕が使っているフックサイズは、#6または#8。メーカーによって、そのどちらかを選択している。このサイズのフックなら軸の太さにあまり神経質になる必要はないが、掛かり優先で極細軸のフックを選択すると、良型のミヤベイワナがヒットした時にフックが伸びてしまう可能性もある。この点を踏まえると、過度に細軸のフックを使用するのは、避けたほうが賢明だろう。

加えて、「フックサイズを落としたら、ルアーのバランスが崩れるのでは？」という疑問に対する補足もしておきたい。

確かにフックのサイズを落とすことで、ルアーのバランスが崩れて最大限のパフォーマンスが発揮できなくなることがあるのは事実だ。ただ、そんなデメリットを織り込んでもなお、フックサイズを落とすべきだと僕は考えている。ルアー

フックサイズ
18gのスプーンに標準で装着されていたフック（左）。カエシを潰してそのまま使うこともできるが、#8サイズのバーブレスフック（右）にチェンジするだけで、劇的にフッキング率が向上する

のパフォーマンスに多少の犠牲を払ってでも、フッキングに重点を置くことでアングラーに有利になるのであれば、そちらを選択しない理由はないだろう。

もうひとつ、然別湖には大型のニジマスも棲息している。そのため、「太軸のフックを使わなければ、大型のニジマスがヒットしてもキャッチできないじゃないか！」というご指摘をいただくこともある。この指摘も、もちろん間違ってはいない。

ただ、水深10mとか15mを回遊しているミヤベイワナをターゲットに据える限り、同じレンジで大型のニジマスがヒットしてくることはかなり稀だ。たまにあるのが、フォール中やピックアップの際にヒットするケースだが、そうなったときは、その時にできる最大限の方法で対処するしかない。「ニジマスなんて、外道に過ぎない」と割り切るくらいでなければ、「青いイワナ」に迫ることなんて、夢のまた夢になってしまうのである。

ここまで、深場に沈んだミヤベイワナを狙うために必要な準備について、詳しく説明してきた。まとめとして、ページ右下にチェックポイントを整理してみたので、再度、確認してもらえたらと思う。

Check Point !

ロッド	6フィート前後のしなやかなもの。数千円で買えるものでも大丈夫
リール	2000〜2500番がベスト。高価なものでなくてもOK
ライン	ナイロンの6〜8ポンドがちょうどよい。汎用品で十分
ルアー	15〜18gのスプーンが中心。カップが浅めで、幅は広すぎず狭すぎずのタイプがおススメ
フック	#6または#8のシングル・バーブレスフックに交換。極端に細軸で強度が足りないものは、使用しない
その他	ルアーは、ラインと直結するかスナップを使用。スイベル付きスナップは、極力使用しない

ちょっとの工夫が結果を劇的に変える

さて、ひととおり準備が整ったところで、今度は、深場に沈んだミヤベイワナをどうやって攻略していけばよいのか、そのアプローチについて具体的に解説していくことにしたい。

トローリングで狙う場合

例えば、水深10mレンジを回遊するミヤベイワナの目の前にルアーを正確に届けようとすると、ほとんど波や湖流がない状況でも、18gのスプーンをフリーフォールで30秒ほどカウントダウンする必要がある。その後、ラインにテンションをかけると、ルアーはすぐに浮いてくるので、それを計算して少しカウントを長めにとっておくのもちょっとしたコツだ。

ここで重要なのは、気が急いてカウントダウンをおろそかにしないこと。少しでも早くルアーを動かしたくなる気持ちはよくわかるけれど、そこをグッと我慢することが深場に沈んだミヤベイワナを攻略するための近道となる。

もうひとつここで意識してもらいたいのが、ルアーをキャストすることなく、ボートの真下にフリーフォールで落としてからボートを漕ぎ始めるということ。ひとたびルアーをキャストしてしまえば、風や波、湖流の影響を強く受けて無駄なラインがどんどんと放出されてしまう。そうなると、一旦は目標のレンジまでルアーが届いたとしても、強いライン抵抗を受けてルアーはすぐに浮き上がってしまい、「線」ではなく「点」でしか、ミヤベイワナにルアーをプレゼンテーションできなくなってしまうのだ。

カウントダウンと並んで重要なのが、ボートを漕ぐスピード。ラインが長い距離放出されている状態でロッドやリールを操作すると、アングラーの思っている以上にラインに強いテンションがかかってしまい、ルアーが意図しないほどに大きく浮き上がってしまうことがよくある。このようなリスクを回避し、ミヤベイワナが回遊するレンジに少しでも長くルアーをとどまらせるには、ルアーが動くギリギリのスピードを保ってトローリングすることが、とても重要になってくる。

ボートスピードを上手にコントロールするためのちょっとしたコツは、たまにロッドを手に持ってスプーンの動きを「聴いてみる」こと。これをやることで、その瞬間に水中でルアーがどんな動きをしているのか、随時チェックが可能だ。

流し方は、「風上から風下へ」が基本。そよそよと風が吹いている時なら、オールでボートの向きを制御しながらただ風に流されていればよい。音を立てて風が吹くような時は、むしろオールでブレーキをかけて、ボートスピードをコントロールする。そうすることで、ミヤベイワナとの「接点」が増え、ヒットの確率を劇的に向上させることができる。

だいたい目標としていた地点までボートが流されたら、面倒でも、一旦、風上

然別湖畔の桟橋と展望デッキ
窓口で受付を済ませたアングラーが出船するのがこの場所

側に戻ってから、再度流し直すのが賢い方法。面倒くさがって風下から風上に向かってトローリングしようとすれば、ルアーは大きく浮き上がり、ミヤベイワナの回遊するレンジから大きく逸脱してしまう。そうなれば、ヒットチャンスは遠のくばかり。「風上から風下へ」の基本に忠実であることが、なによりヒットへの近道であることをしっかりと覚えておいてほしい。

キャスティングで狙う場合

キャスティングで狙うときは、トローリングで狙う場合よりもスプーンの浮き上がりが速くなるため、意識してやや長めにカウントダウンしたほうがよい。具体的は、45秒＋αくらいがひとつの目安となる。

また、飛距離が出るからといって、風下方向にキャストするのはNG。それをやると、その後キャスト方向にボートが流されていくため、リトリーブスピードをかなり速めないと、どうしてもラインテンションを保つことができなくなってしまうのだ。川の釣りに置き換えて言えば、激流に向かってアップストリームキャストしているのと同じ。止水でせっかくルアーを自在に操れる状況なのに、魚にル

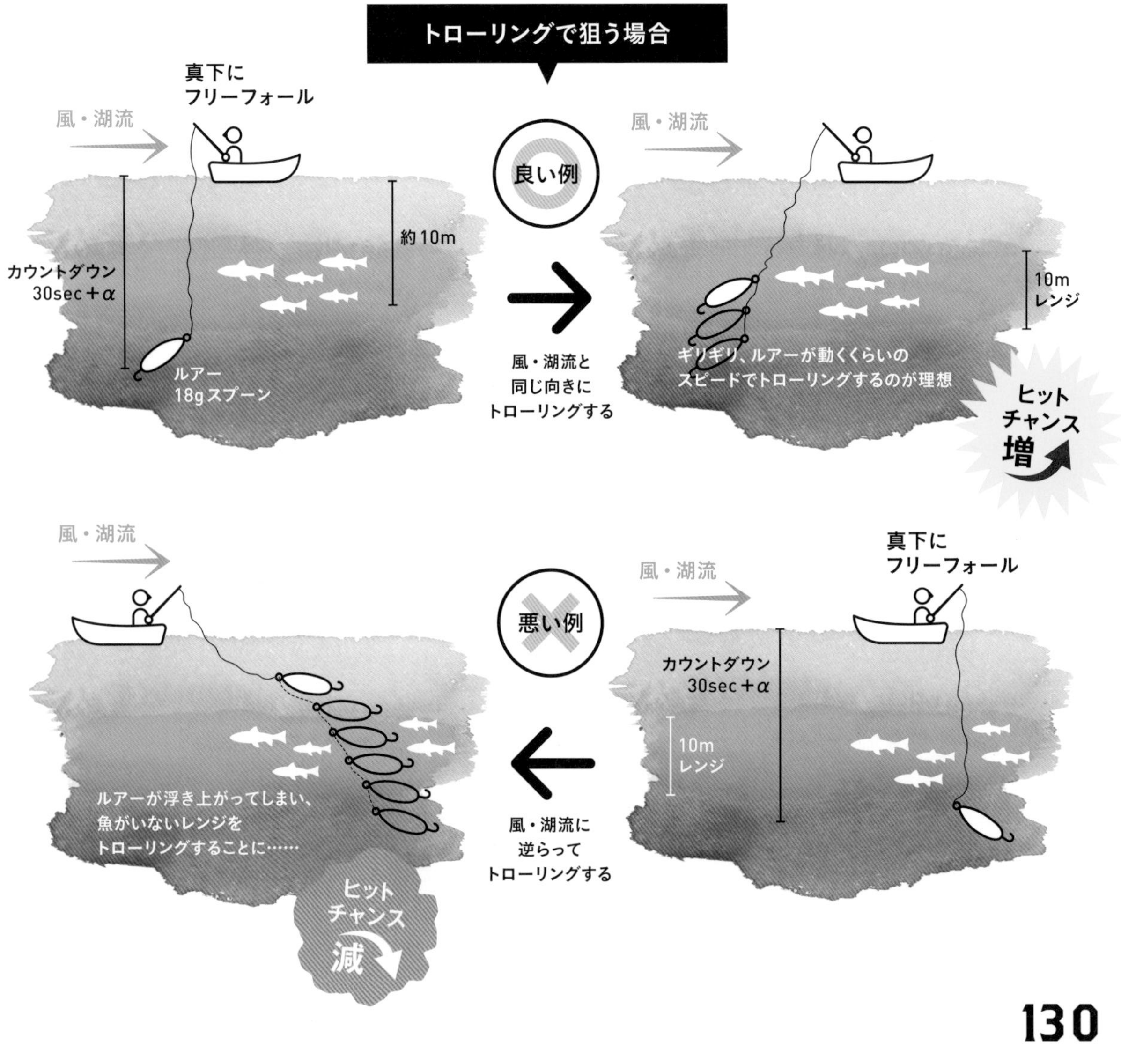

アーを見せる時間が短くなる方法を、あえて選択する理由はないだろう。

加えて、極端なロングキャストも避けたほうがいい。平面的に狙う範囲を無理に広げようとはせず、「ミヤベイワナが回遊しているであろうディープレンジに、いかに長い時間、良い姿勢でルアーを漂わせることができるか」という部分を、徹底して追求したいところだ。

簡単にまとめると、キャスト方向は「風下から風上へ」が基本。そして、無理にロングキャストはせず、フリーフォールで45秒＋αカウントダウンした後、ルアーが動くギリギリのスピードでリトリーブする。風が弱い時には、少しずつ角度を変えながらキャスト。「3次元的な空間」を意識した探り方で、可能な限り広範囲を探っていく。

こうしたアプローチを繰り返しながら、魚のポジションを探し当てていく。地道な作業ではあるが、これが、最終的な目標でもある「青いイワナ」に出逢うための最短の道のり。僕は、そう考えている。

ちょっとの工夫で、未来は変わる。そんな意識を持ちつつ、皆さんも深場に沈んだミヤベイワナにチャレンジしてみてほしい。

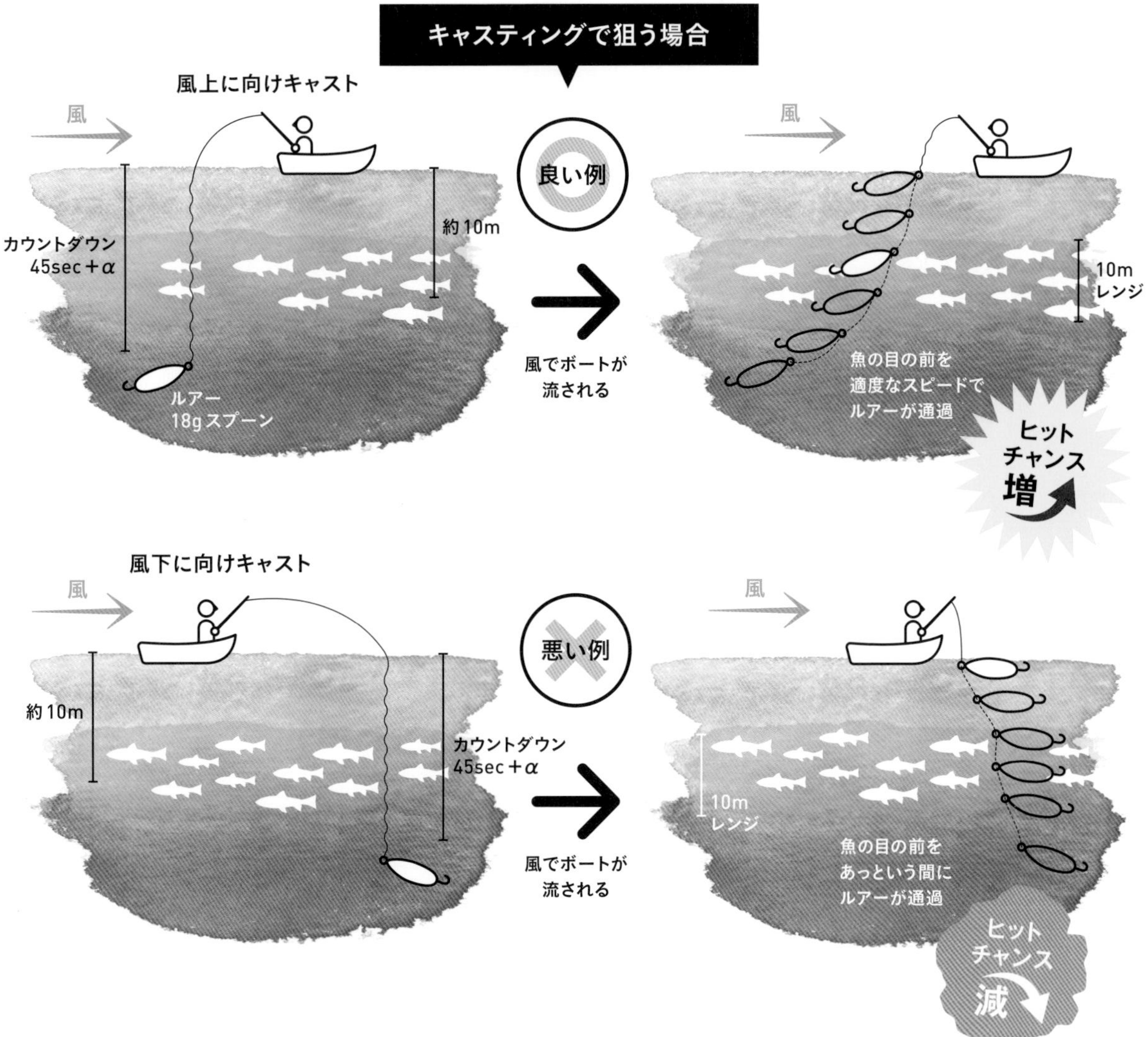

「青いイワナ」はもうすぐそこに

ここまでの内容を総じて実践できれば、高い確率で深場に沈んだミヤベイワナを攻略できるはず。つまりそれは、長く続いた「青いイワナ」への道のりも、いよいよ終着点が近いことを意味している。

キャリアに関係なく、すべてのアングラーに挑戦権はある。「これくらいなら自分にもできる!」そんなふうに、ビギナーの方にも思ってもらえたらうれしい。

あとは条件が揃ったそのタイミングで、然別湖にボートを漕ぎ出そう。その先、ゴールにたどり着けるかどうかは誰にもわからない。それでも、身につけたノウハウを如何なく発揮して、深く沈んだミヤベイワナをただひたすらに攻略していく。あとは、そこにほんの少しの偶然が重なる瞬間をただひたすらに待てばいい。

そして、青き湖の宝石が、あなたのほとばしる情熱にほだされたとき……ついに運命の瞬間は訪れる。息を呑むほどに美しい「青いイワナ」のその姿は、然別湖で起こった感動的な出逢いの記憶として、必ずや心の奥底に深く刻み込まれることだろう。

「ブルーバック」のミヤベイワナ
然別湖という特殊な環境が、この神秘の「青いイワナ」を育んでいる。こんなにも美しい鱒が国内に棲息している事実を、ひとりでも多くのアングラーに知ってほしい

セルタのカラーバリエーション。僕は、この4色すべてに信頼を置いているから、ちょいちょいローテーションするという感覚はまったくない

北海道の広大なフィールドでは、カラーローテーションよりも優先してやるべきことがあるはず

信じる者のみに幸運は訪れる!? 一度カラーを決めたら、信頼してしばらく使ってみること。それが大事

を疑心暗鬼なままキャストすることが、もっとも魚を遠ざけると僕は経験的に知っている。若い頃はなかなかそれに気づけず、幾度となく鱒たちに辛酸をなめさせられてきたのだから。

この話は、人間社会に置き換えて考えてみるとわかりやすい。自信がなさそうで、まったく気持ちがこもっていない営業マンの売り文句を聞いた時、はたして僕たちは、その商品を買いたいと思うだろうか。魚だって、きっと同じ気持ちなのだろう。機械的で淡白な動きしかしないルアーに、鱒たちがまったく興味を示さないのは、至極、当然のことなのである。

他方、「このカラーが釣れるんだ」と信じてキャストしたルアーには、必ず魂が宿る。鱒たちから見ても、さぞかし魅力的な動きをしていることだろう。そして、ハートに火が付いた鱒たちは……。心躍る鱒との出逢いの裏には、アングラーと鱒とが紡ぐそんな心の物語が隠されているのではないだろうか。

乱暴な言い方をすれば、シルバーかゴールドかなんて大した問題じゃない。大事なのは、そのカラーをアングラーが信じて使っているかどうかだ。鱒になかなか出逢えない時、一旦、立ち止まって考えてみてほしい。「釣れる」「釣れない」の分水嶺が、本当にカラーの違いにあるのか、と。

『北海道のフィールドでは、ルアーのカラーなんて“宗教”みたいなものだ！』

あ～あ、ついに本音を言い放ってしまった。メーカーの人、きっと怒るだろうな（笑）。

Column 3

カラーローテーション

皆さんは、トラウトフィッシングシーンにおいて、ルアーのカラーローテーションを、どの程度、重要視しているだろうか。

魚が色を判別できるかどうかについては、専門家の中でも意見が分かれているらしい。ならば、僕たち学術的知識に乏しいアングラーの間で、そこをあまり掘り下げて議論するのも非建設的だろう。

実のところ僕自身は、カラーローテーションを重要視しない。というか、一切しない。

では、なぜカラーローテーションをしないのか？ 理由は単純。面倒くさいし、余計な時間がかかるだけだから。

着眼点は、カラーローテーションしている暇があったら、ほかにもっと効率よく鱒たちに迫れる方法があるんじゃないのかというところ。核心的に言ってしまえば、カラーローテーションするくらいなら、フレッシュな魚を探して距離を稼ぐとか、今、使っているルアーのポテンシャルを最大限に引き出すことのほうが、よっぽど効率がいいのである。

実際、管理釣り場や首都圏の人気河川のように、「目の前にいる魚をどう釣るか」というタスクを突き付けられたなら、カラーローテーションに一定の効果があることはほぼ間違いない。それは、まさに10代の頃の僕が、桂川や多摩川で実践してきたこと。そんな経験があるからこそ、カラーローテーションの効果を完全否定するなんてことはもちろんしない。

けれども、ここ北海道のフィールドは、桂川や多摩川とは明らかに釣りの前提条件が違う。大事なのは、「目の前にいる魚をどう釣るか」ではなく、「広大なフィールドの中で、いかに効率よく釣れる魚を探せるか」ということ。これが理解できると、カラーローテーションなど、所詮はちっぽけな変化でしかないと自然に思えるようになるのである。

「どんなカラーがいいですかねえ～？」と見知らぬアングラーに問われたら、即座に「好きなカラーを信じて使うのがいいと思いますよ」と答える。もちろん、意地悪なんかじゃない。これは、本心だ。なんたって、信用していないルアー

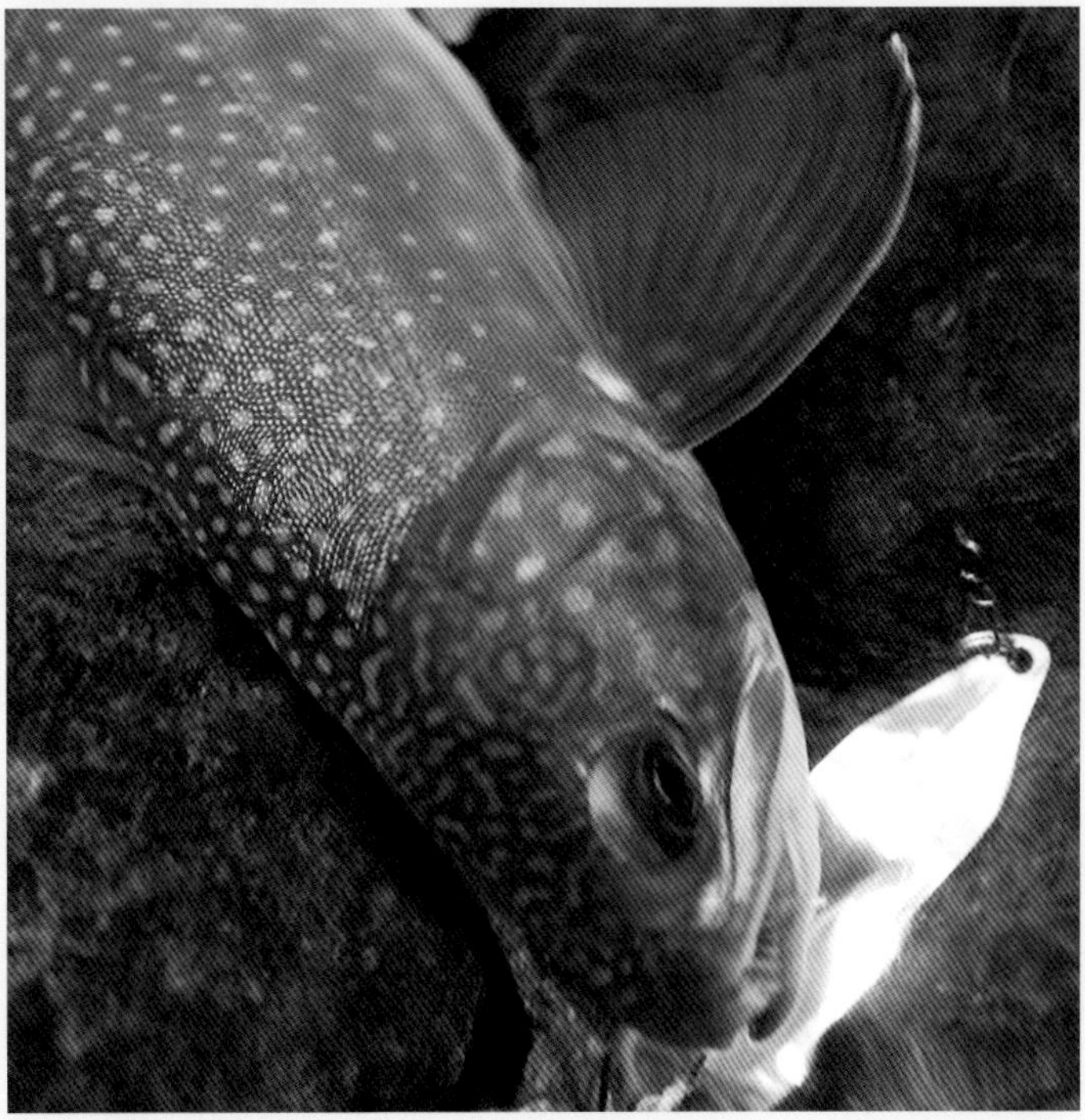

ゴールド系のスプーンにヒットしたミヤベイワナ。もし、チャート系のスプーンを使っていたら、ヒットしなかったのだろうか。その答えは、彼のみぞ知る

釣れないときは
魚が考える時間を
与えてくれたと
思えばいい。

――アーネスト・ヘミングウェイ

NATURE OF HOKKAIDO

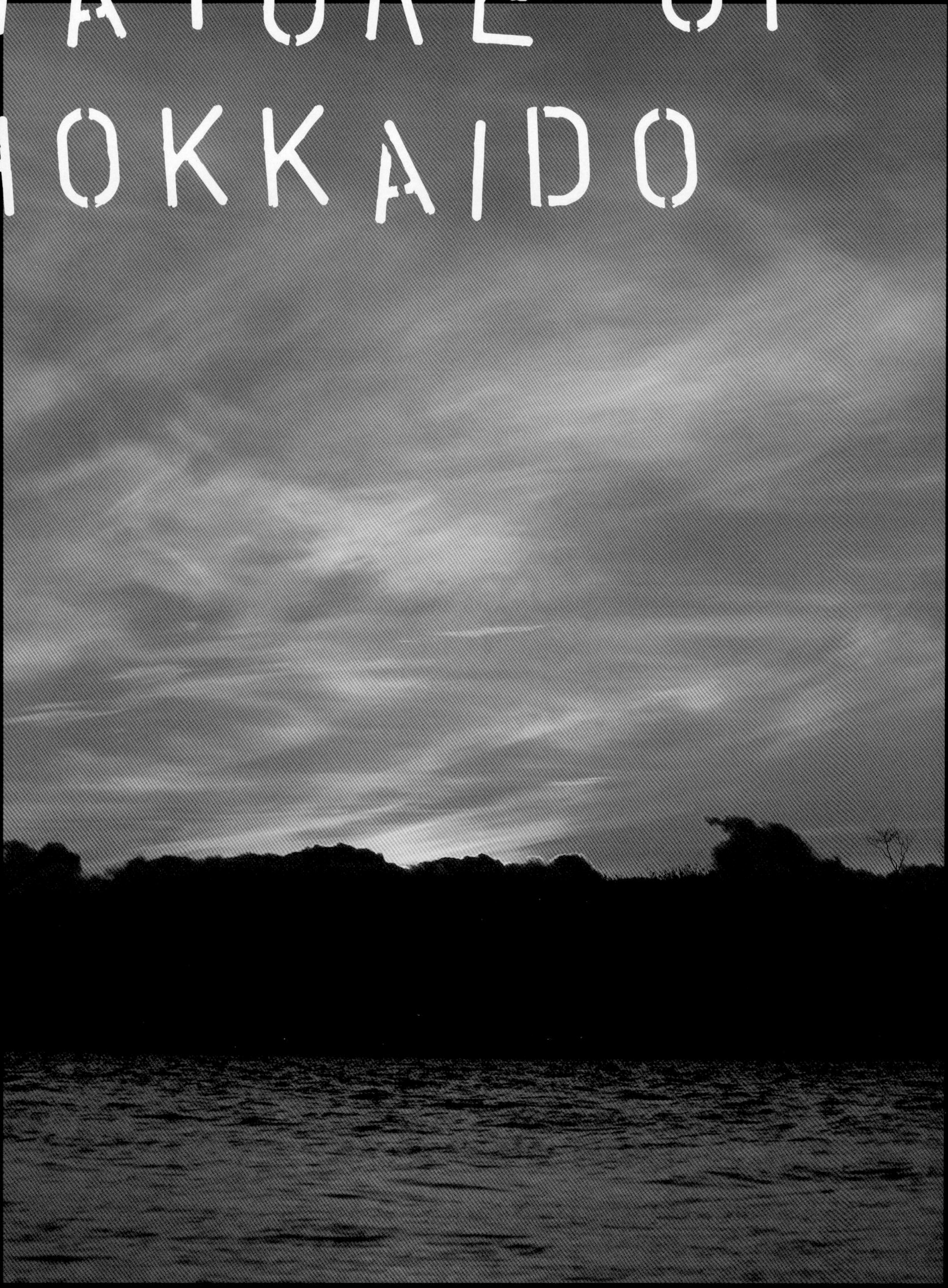

神々の遊ぶ庭、鱒たちの楽園

Mysterious fish Miyabe-char

Lake Shikaribetsu, shikaoi, hokkaido

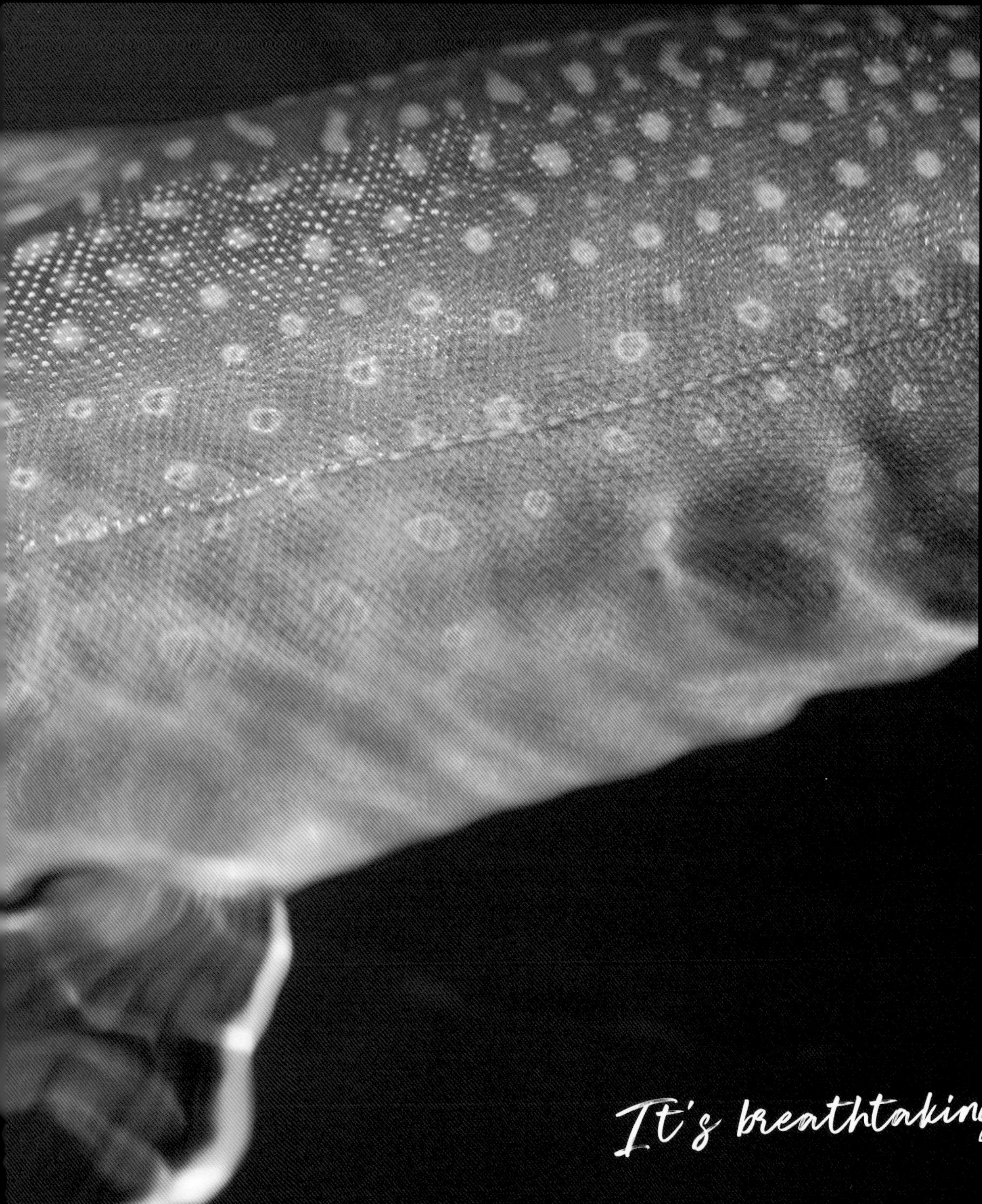

It's breathtaking !

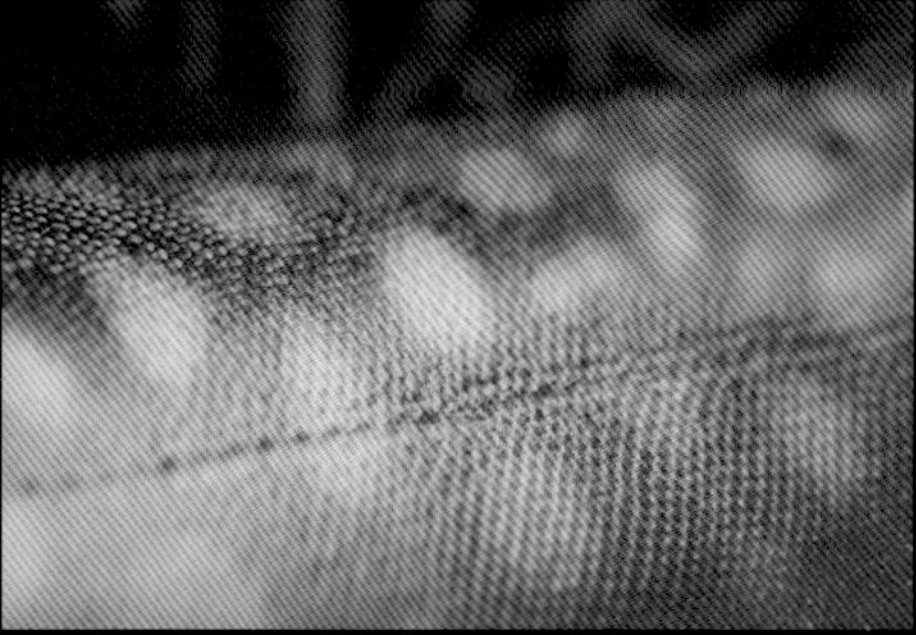

Native trout are so attractive.

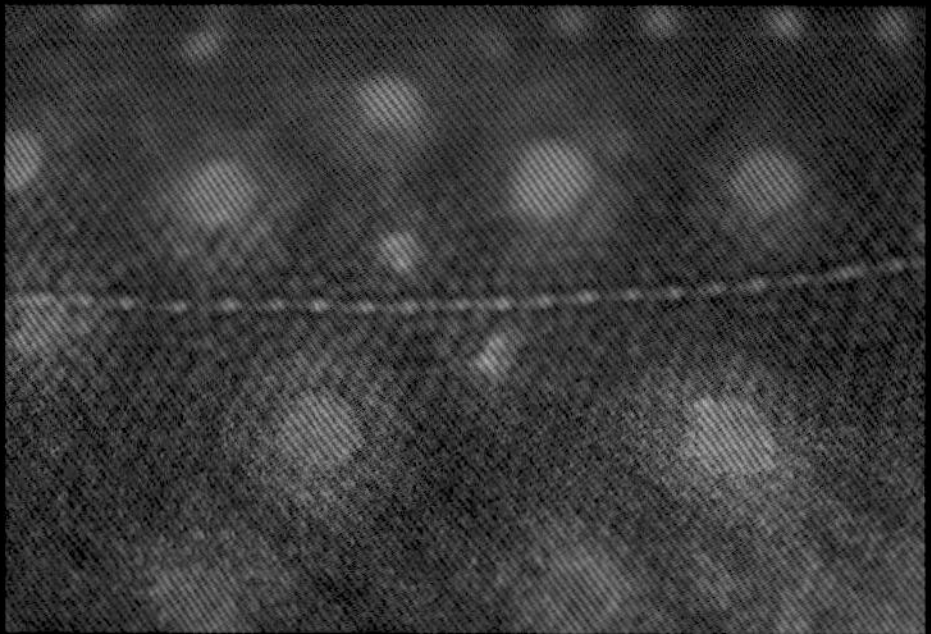

Alternatively,
wild trout are so lovely!

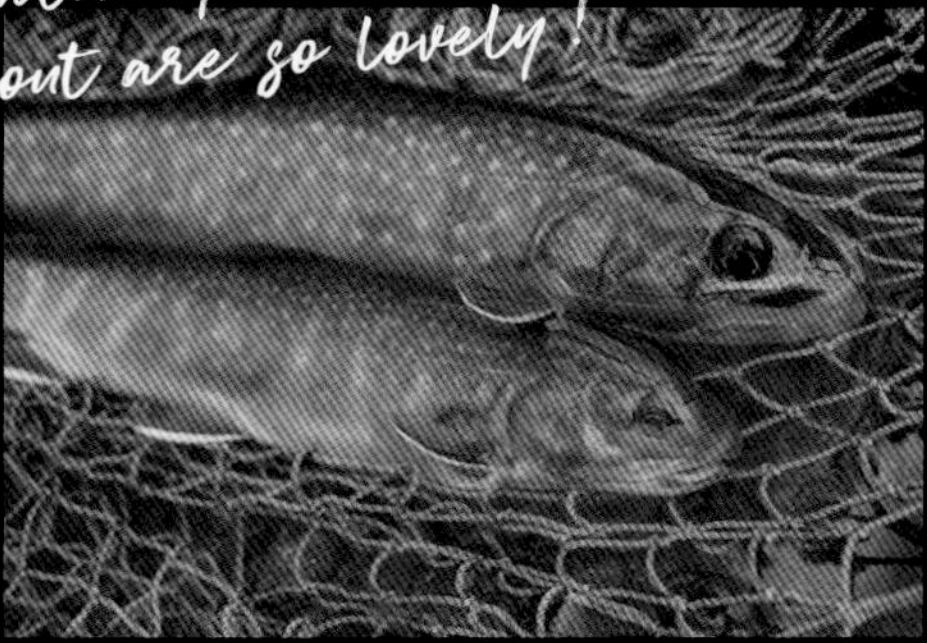

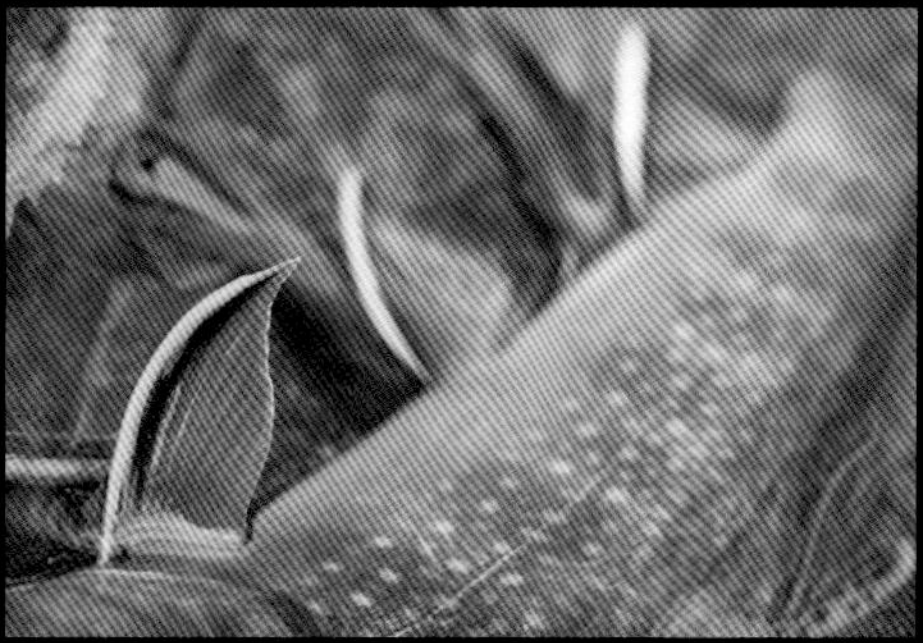

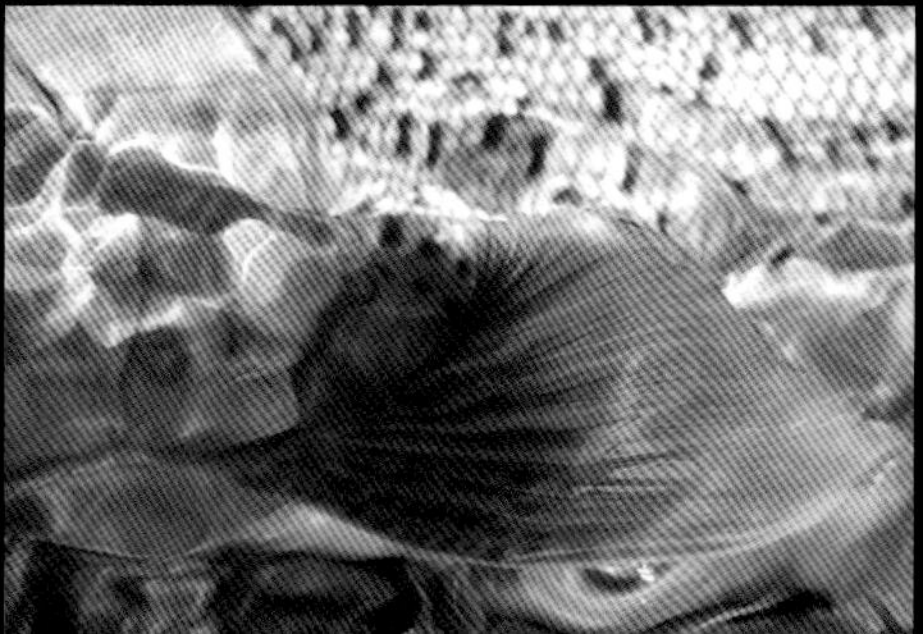

Blue jewel,
be forever

Appendix

付録

押さえておきたい北海道鱒釣りの掟

しばしば、「無法地帯」と揶揄されることもある北海道の内水面フィールド。ところが、「なんでもあり」を連想させる言葉の印象とは裏腹に、細かすぎるくらいのルールが存在することは、あまりよく知られていない。中身の是非はともかく、現行のルールを守ることは、私たちアングラーに課された最低限の義務。ここでは、鱒釣りを楽しむ際に知っておきたい〝掟〟について、簡単に紹介しておくことにしたい。

1 〝掟〟を知ることの大事さ

「無法地帯」という、ややもするとセンセーショナルに聞こえるこの言葉は、北海道のフィールドが直面する現実をぼんやりと言い当てている反面、あたかも「北海道の内水面フィールドにはルールがない」との誤った印象を与えている感も否定できない。「無法地帯」という言葉がひとり歩きして、北海道のフィールドに対する正しい理解を妨げているではないかと危惧するのは、きっと私だけではないはずだ。

思いもよらぬトラブルに巻き込まれることを未然に防ぐためには、一人ひとりのアングラーが、現に存在する〝掟〟について、その内容を正確に把握しておくことが必須となる。楽しいはずの釣りが、突如として暗転することがないよう、あらかじめ必要最小限の理論武装をしておくことも、私たちにとって欠かすことのできない準備のように思える。

2 〝掟〟の普及を妨げる北海道独特のある事情

ではなぜ、本当はルールが存在しないわけでもないのに、北海道のフィールドが、「無法地帯」などと揶揄される事態にまで発展してしまうのだろうか。

ここ北海道では、特定の魚種、エリアを除き、原則、年間を通じて自由に鱒釣りができる。この部分だけを切り取って観察すれば、「無法地帯」との批判も、「産卵期の個体を保護するルールがない」という意味において、あながち的外れではないようにも思える。

ただ、批判的な声が上がる背景には、別の理由も見え隠れする。そう、中身以前の問題として、そもそも現行のルールが、道内外のアングラーに広く浸透していないのではないか。正直、そんな疑念を抱かずにはいられない。

道内の各地域では、一部に例外はあるものの、鱒釣りが地域経済の活性化に、必ずしも貢献できていないという実態がある。経済とリンクしない話題は、情報発

美深町《びふかちょう》を流れるニウプ川
ここは上川地方。ヤマメの禁漁期間は4月と5月だ

信のネタになりづらいという特徴があるため、アングラーの側が積極的に情報を取りにいかない限り、鱒釣りの〝掟〟と接する機会は確保しにくい。要するに、鱒釣りが地域活性化の重要なピースとなっている地域が少なくない他の都府県とは、明らかに事情が異なるのである。

　とはいえ、自らの無知を棚に上げ、無責任な批判を繰り返すことだけは避けたいところ。行政とアングラー、双方の歩み寄りこそが、〝掟〟の普及を推し進め、ひいては、相互の利益につながるものと私は確信する。

3 アングラーが知っておくべき基本の〝掟〟

　道内でも、洞爺湖《とうやこ》、然別湖《しかりべつこ》、阿寒湖、朱鞠内湖《しゅまりないこ》などのフィールドに関しては、漁協等のホームページに解禁期間やレギュレーションなどの詳しい情報がしっかりと掲載されているため、私たちアングラーが、必要な情報の入手に苦労する場面はほとんどない。すなわち、注意が必要なのは、これら以外の場所、つまり漁業権の設定がないフィールドに向かう時、ということになる。

むかわ町穂別を流れる鵡川《むかわ》
もちろんこの川でも「遡上鱒」に遭遇することがある

◉海から遡上してくるサケやマスを、河川内で釣ってはいけない
◉ミヤベイワナ、ヤマメ（ランドロックサクラマスを含む）、ヒメマスの漁期には、法規上の縛りがある
◉すべての魚の採捕が禁じられている「保護水面」や、魚種、期間を定め禁漁措置を講じている「資源保護水面」が、数多くの場所に設定されている

　基本として、まずはこの3点を押さえておくといいだろう。

　このほか、猿払川《さるふつがわ》や空知川、尻別川などで見られるように、地域の人々が訪れるアングラーに対して、「お願い」という形のメッセージを発しているケースもある。こうしたフィールドでは、たとえそれが罰則付きの「ルール」でなかったとしても、フィールドの実情を反映した地域の声に、真摯に耳を傾けてもらえるとありがたい。

4 〝掟〟をまとめた便利なツールの活用

　ここ北海道の内水面フィールドに存在する、複雑な「ルール」。その内容は多岐にわたり、対象となる河川や湖もかなりの数にのぼる。

　だからと言って、「知らなかった」では済まされないことも当然ある。ルールがどんなに複雑であっても、そのフィールドに足を運ぶ以上は、最低限の知識を身につけておく必要があることは言うまでもない。そうすることで、思いもよらぬトラブルに巻き込まれるリスクを確実に減らすことができるはずだ。

　そこで、是非活用してもらいたいのが、北海道庁が発行する冊子『Rule & Manner』。北海道で遊漁を楽しむ際に留意すべきルールやマナーが、盛りだくさんの内容でまとめられている。行政がつくる啓発資料なので、表現が堅苦しかったりはするけれど、内容的にはアングラーが知りたい情報がかなりの部分で網羅されているよくできた冊子だ。

アングラーがこの冊子を入手するためには、北海道庁のホームページから電子データをダウンロードするか、ホームページに記載された方法により送付を依頼することが必要になる。

詳しくは、「北海道 フィッシングルール」で検索してみてほしい。また、随時、ルールが変更される可能性もあるため、年に1回程度は冊子の内容を確認するようにしておくと安心だろう。

5 普段から頭に入れておくべき基本原則はコレ

ここでは、しばしばトラブルが起こりがちな遡上鱒とヤマメに焦点を当て、実践的な考察も交えながら、基本原則について簡単に紹介していくこととしたい。

① 「遡上鱒」との接し方

ここ北海道では、「遡上鱒」の釣りは全面的に禁止。もちろん、意図せず遡上鱒がヒットしてしまった場合でも、対応を誤ると処罰の対象になることがあるから、十分な注意が必要だ。

密漁に該当するか否かのひとつの基準は、遡上鱒を自らの支配下に置いたかどうか。キャッチして持ち帰る行為がNGなのは当然としても、ルールの運用は極めてあいまいで、最終的には、事例ごとに個別判断されているのが実情である。

ただ、ありがちな行為の中で、はっきりハイリスクだと言えるのは、ヒットした遡上鱒の写真を撮ること。「リリースすれば問題ない」とか、根拠があいまいなまま自分に都合のよい解釈をしているようでは、それは自ら進んでトラブルを呼び込んでいるようなものだろう。

ちなみに、意図せず遡上鱒がヒットしてしまったとき、私は、魚には指一本触れずに針を外している。ネットインという行為は、解釈によって「支配下に置いた」と判断されるリスクがあるから、個人的には絶対にやらない。

私たちアングラーにしてみれば、ルールの曖昧さについて、いろいろと思うところはあるのだが、自分を守るためにも、常に冷静な判断は欠かせない。熱くなり過ぎず、是非とも理知的な行動を心掛けたいものである。

宗谷地方を流れる保護水面河川

②「ヤマメ」との接し方

北海道におけるヤマメの禁漁期間は、5月から7月にかけて。どうやら、漁業資源としての価値が高いサクラマスの稚魚を保護しようという趣旨で、このような期間設定になっているようだ。

注意してほしいのは、地域ごとに禁漁期間がズレていること。ややこしいのは確かだが、ルールの趣旨を考えれば、これは致し方のないことのようにも思える。

ルール上はヤマメと同じ扱いになる「ランドロックサクラマス」にも、規則で定められた禁漁期間は適用される。規則の趣旨からすれば、「海に行けない魚を禁漁にしてどうするの?」とツッコミを入れたくもなるのだが、民主的な手続きを経て決められたルールである以上は、私たちもそれを守らねばならない。

最後に、屈斜路湖《くっしゃろこ》の特殊事情にも触れておこうと思う。釧路川を介して海とつながったこの湖では、ランドロックのほか、海から遡上してきた「サクラマス」らしき姿を見かけることがある。今のところトラブルに発展したという話は聞かないが、こうしたちょっとヒリヒリする事情があることも、エントリー前にきちんと理解しておいたほうがいいだろう。

北海道鱒釣りカレンダー Special Edition

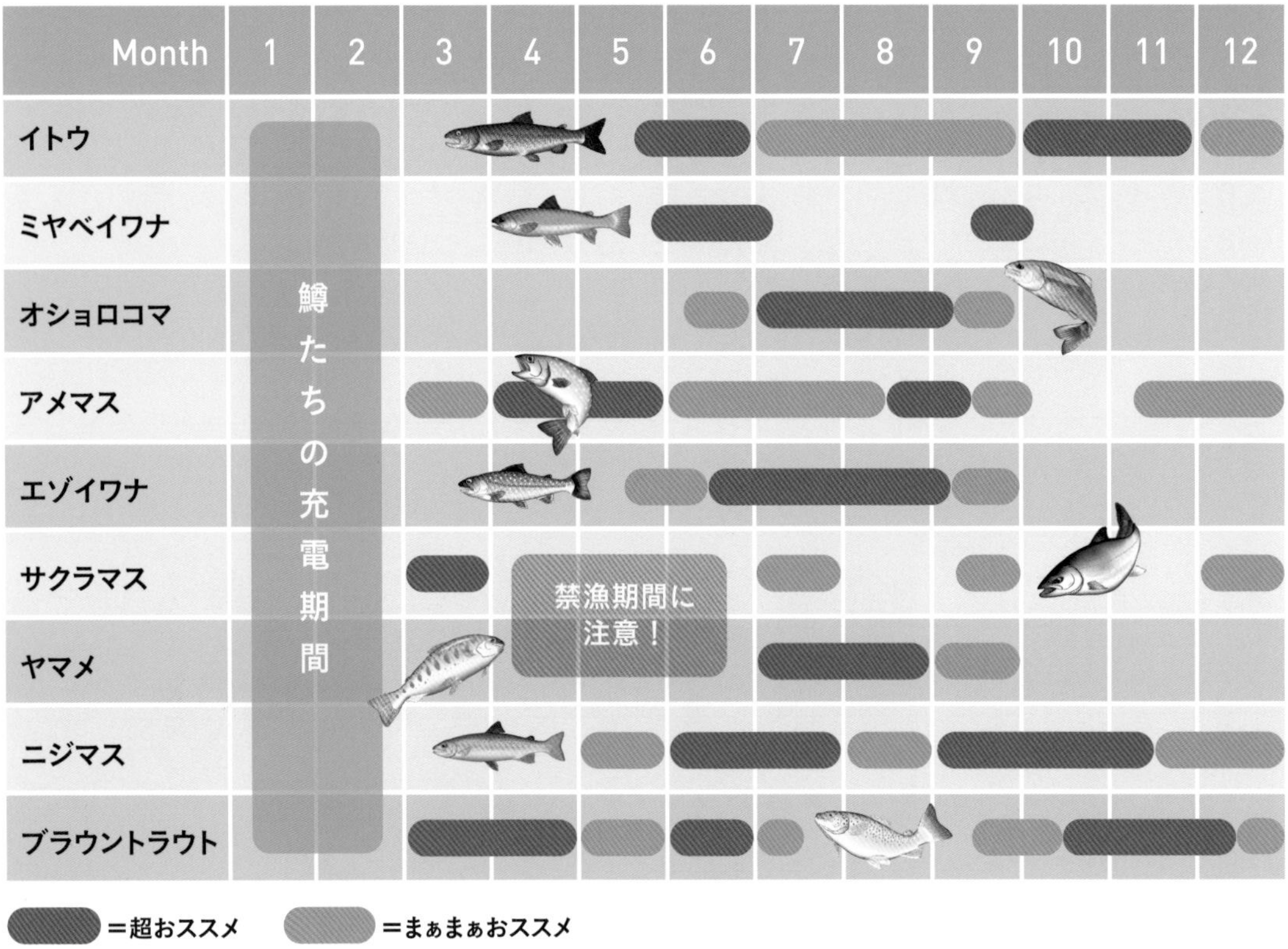

北海道トラウトフィッシングマップ

Hokkaido Trout Fishing Map

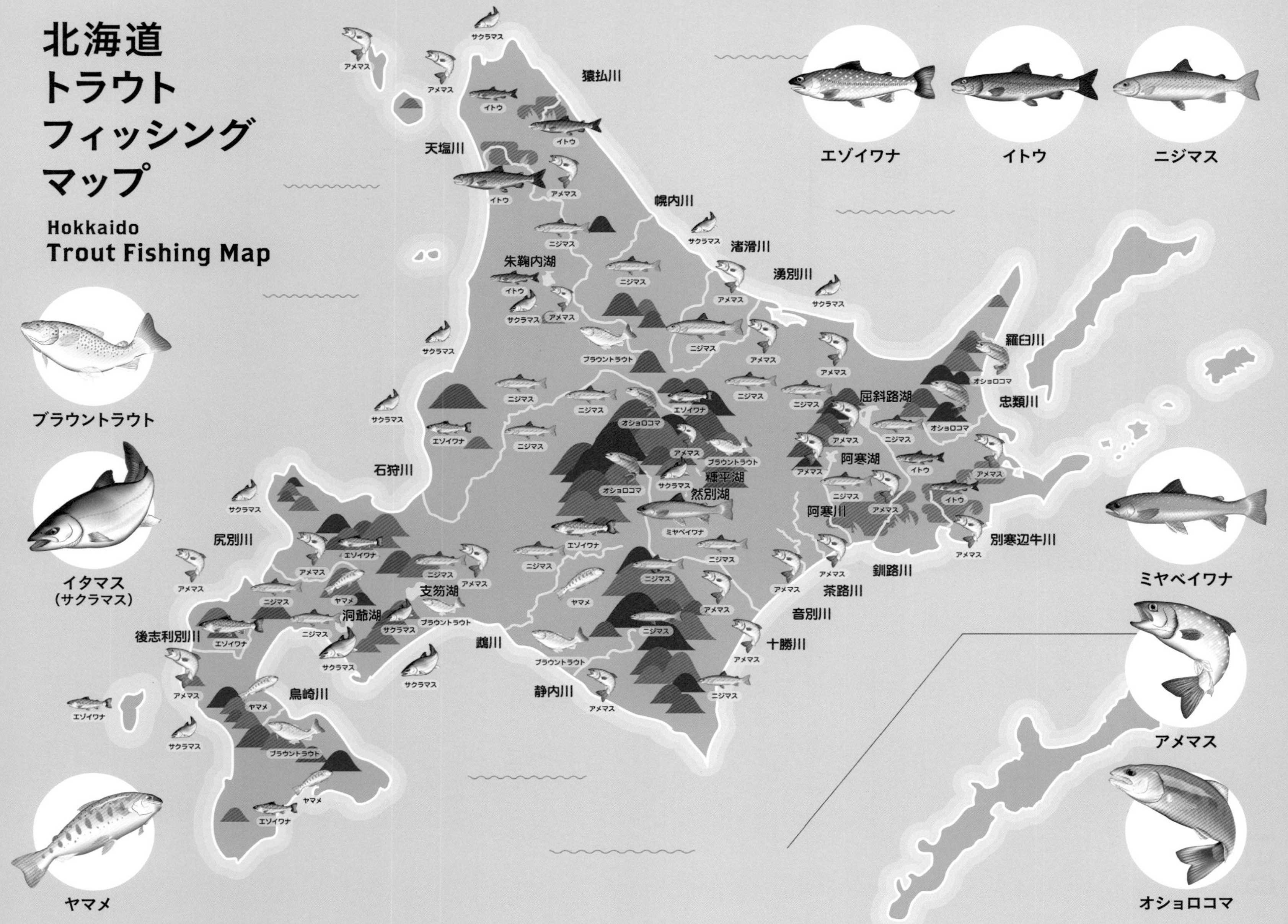

移住先として人気を集める美瑛の風景
美瑛町は、風光明媚な素敵なまち。ただし、この街に移住したからといって、すべての人が以前よりも幸せになれるとは限らない

めの、そして、貴重な魚たちを次の世代に引き継いでいくための一つの「手段」だ。だから、一様にキャッチ&リリースを強要することも、反対にキャッチ&リリースの理念を否定することも、どちらも非建設的だと僕は考えている。

なぜなら、貴重な魚たちを次の世代に引き継いでいくという「目的」が達せられるなら、キャッチ&リリースという一つの「手段」に固執する理由がない一方で、キャッチ&リリースという一つの有効な「手段」をあえて放棄する理由もないからだ。

つまるところ、フィールドに立つアングラー一人ひとりが、貴重な魚たちを次の世代に引き継いでいくという「目的」を共有できさえすれば、キャッチした魚を大量に持ち帰ることはないだろうし、リリースするときは必ず丁寧に魚と接するはず。もちろん、誰から強要されるでもなく、あくまでも自発的に、である。

他者を自身の基準に当てはめて感情的に評価し、偏った正義の拳を振り下ろすことが正当化されてしまいがちなこの悲しい時代。せめて釣りの世界だけは、貴重な魚たちを次の世代に引き継いでいくという「目的」を見失わないようにしたい。そして、「目的」を達するために必要な「手段」について、さまざまな立場の人が自由闊達《かったつ》に議論していけるような、そんな環境が少しずつでも整備されたらいいと思う。

もちろん、一人でできることには限度があるのだけれど、だからといって、“評論家”になるのは最悪だ。どんなに小さなことでもいいから、まずは、自分にできることをやっていこう。

僕は、今、そんなことを思い、自宅のPCとにらめっこしながらコラムの原稿をチェックしている。

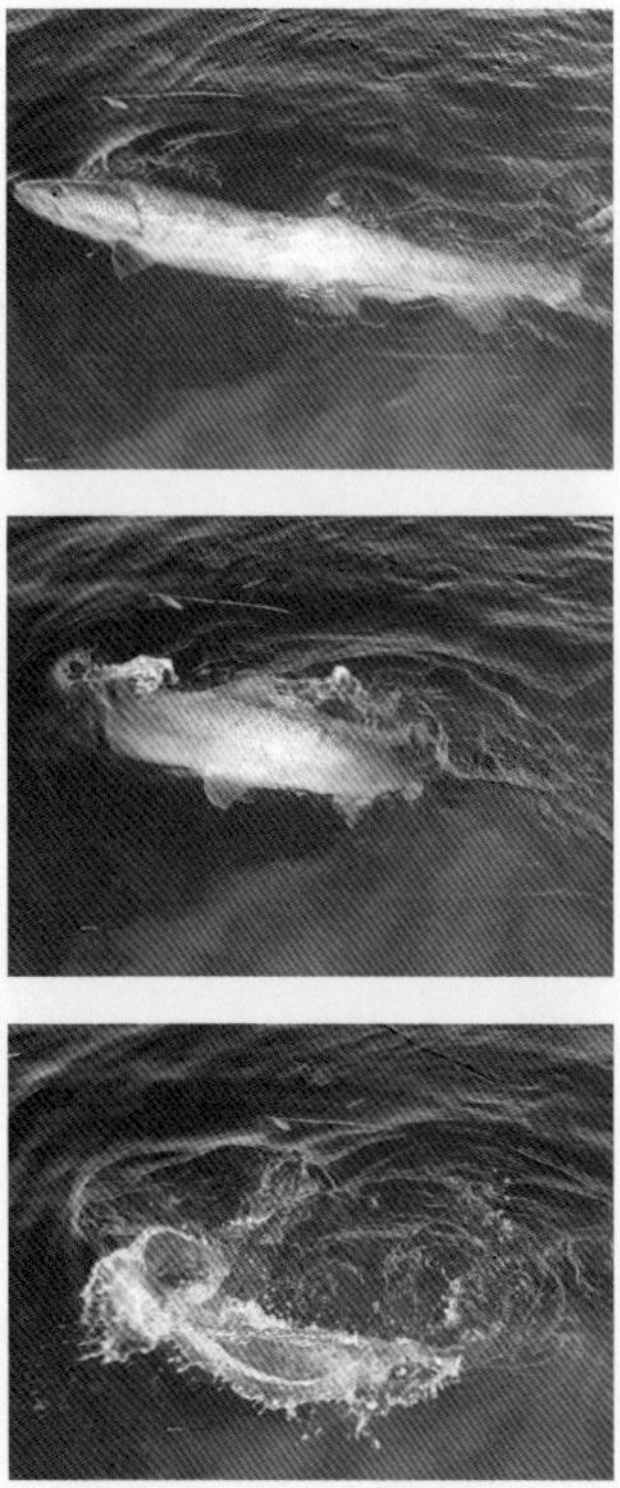

リリースの「質」にこだわる
上：リリース　中：反転　下：猛ダッシュ
キャッチした魚をリリースしても、その魚がいのちを繋げなければ意味がない。リリースという「行為」そのものよりも、資源を減らさなかったという「結果」が何より大事

Column 4

目的と手段

人が社会生活を営む中では、目的と手段を取り違えることが往々にして起こりがちだ。かく言う自分も、ふと、取り違えに気づいて思わずハッとすることがある。

例えば、ということで、最近、流行りの「移住」を例にちょっと考えてみたい。

移住は、新たな人生をスタートするための「手段」であって「目的」ではない。ところが、移住希望者の中には、移住を「目的」にしてしまう人が少なくないのが実状だ。

さて、移住という「目的」を達成した人には、その後、いったいどんな運命が待ち受けているのだろうか。ちょっと、想像してみてほしい。移住が「目的」になっている人にとっては、移住が完了したその時点で、その「目的」は達せられる。すなわち、移住完了がゴールとなってしまっているから、その先はまったく見通せていないのだ。

本来は、移住完了の時点が、新たな人生のはじまりであるはず。ところが、もし移住完了の先に、新しい生き方のビジョンがないとしたら……。仕事に、人付き合いに、いろいろとうまくいかなくなって、結局、何のために移住したのかわからなくなってしまうリスクも少なくはないだろう。

自分が、そして家族が、移住前よりも幸せな日々を過ごせていると実感できてはじめて、その移住は成功だったと言えるはず。目的と手段を取り違えると、本当の目的を見失って、自分が何を目指していたのかさえわからなくなってしまうことも、決してめずらしくはないのである。

稚内の市街地で暮らすエゾシカ
危険を顧みず、わざわざ人の多い市街地で暮らすこと。それは、いのちを繋ぐという「目的」のために、やむを得ず彼らが選択した「手段」なのである

さて、少々前置きが長くなってしまったが、いよいよここから本題に入ることとしたい。

ここで取り上げた「移住」のケースと同じく、目的と手段を取り違えて本当の目的を見失っているんじゃないかと懸念されるケースは、鱒釣りの世界でもしばしば目にすることがある。中でも、特に僕がモヤモヤするのは、キャッチ&リリースに関する議論だ。

キャッチ&リリースは、僕たちアングラーが魚たちと気軽に出逢えるフィールドを維持していくた

ば」とともにあり、だからこそアングラーとして成長できた部分が大きいと思っている。むしろ「たら・れば」がなければ、同じ失敗をひたすら繰り返すだけだっただろうし、数々の美しい鱒たちとの出逢いも果たすことができなかったに違いない。だから僕は、釣りを愛するすべてのアングラーの皆さんに、「たら・れば」を強くおススメするのである。

中でもビギナーがつぶやく「たら・れば」を、頭ごなしに否定することはやめてほしい。失敗したら後悔するだけすればいいし、もし、その失敗が自身の努力によって克服できるものなら、ひたすら鍛錬を繰り返しいつか来るリベンジの時を待てばいい。そうすることで、アングラーとして必ずレベルアップを果たせる。そう、ビギナーにこそ、「たら・れば」効果はてきめんに現れるのだ。

「たら・れば」のススメ、それは、何もフィッシングシーンに限ったものではない。本来は、社会活動にも、当然、応用できるはず。なのに、「たら・れば」=「悪」という“常識”が現代社会を我がもの顔で席巻し、人前で「たら・れば」を口にしようものなら炎上は免れない。むしろそんな現実に、強い危機感を抱かずにはいられない。

拡大解釈はさておき、少なく見積もっても、鱒釣りの世界に「たら・れば」を否定する文化が似合わないことだけは確かだ。「たら・れば」を否定したからと言って、何かが生まれるわけじゃない。むしろ、新しい何かが生まれることを邪魔することにしかならないのだから……。

ここでは、ひとつの問題提起として、「たら・れば」をテーマに取り上げてみた。もし、「なるほど、そうだな」と思うところがちょっとでもあったならば、そのちょっとを、皆さんの日常に取り入れてもらえたらうれしい。

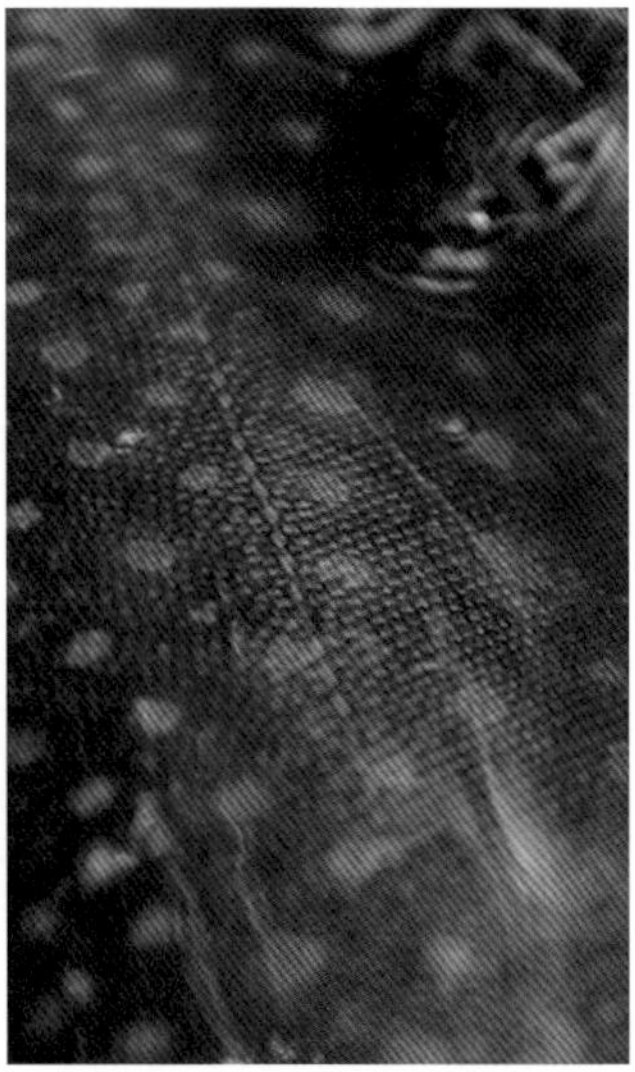

「たら・れば」を上手に活かすことが、強くて、賢くて、美しい「鱒」たちと出逢うための最短ルート

「たら・れば」のススメ

ボクが人間だったら……
（無理、無理！ それは実現不可能だってば……）

俺があの娘から目を離さなければ……
（たしかにそうだ！ そのくやしさを次の機会に生かしてくれ）

「たら・れば」はダメ！

しばしば、日常的に耳にするフレーズである。誰が言ったか知らないけれど、これがこの国の常識であることにどうやら疑いの余地はなさそうだ。

「お金持ちの家に生まれていたら……」「もっと背が高ければ……」

この類の「たら・れば」は、未来永劫、実現確率は0%。どうせ実現することがないわけだから、「『たら・れば』はダメ！」という指摘も、ある意味、的を射ているのかもしれない。

一方で、こんな「たら・れば」だったらどうか。

「フックを新品に交換してあったら……」「ちゃんとラインを確認していれば……」

こちらは、同じ「たら・れば」でも、だいぶ性格が異なる。具体的に言えば、こうだ。

「フックを新品に交換していれば、ちゃんとフックアップできたかもしれないから、今後は、フックポイントをまめにチェックするよう心掛けなきゃ！」とか……

「ちゃんとラインを確認していれば、ラインブレイクを防げたかもしれないから、今度からはまめにラインをチェックするように意識しよう！」とか。

そう、これらは次に生かせる「たら・れば」。実現確率0%のダメな「たら・れば」とは違って、意味のある「たら・れば」なのである。

ラインやフックのチェックなんて、多くのアングラーは無意識のうちにやっていることだろう。それでも、あえて一旦立ち止まって、「たら・れば」の本質に目を向けてみる。そうすることによって、あたり前のようでつい見過ごされがちなことに、ふと気づく瞬間が訪れるのかもしれない……。

僕の釣り人生は、常に「たら・れ

ナ

内水面	湖や川のこと。「海面」と対比的に使われることが多い
ネットイン	釣り人の持つすくい網の中に、針が掛かった鱒が入るさま

ハ

バーブレス	カエシのない針のこと。一般的には、鱒に優しい針であると認識されている
パーマーク	鱒の幼魚斑のこと。幼魚のうちは、魚種を問わずすべての鱒の体側に存在する
バイト	鱒がルアーをかじること
幅広	標準的な鱒よりも、体高が高いこと
ビッグベイト	大きなルアーの総称。明確な定義はないが、概ね長さ15cm以上のルアーをこう呼ぶことが多い
ヒット	鱒が針に掛かること
ヒレピン	ヒレがピンと張った鱒のこと。養魚場で育った放流したての鱒と区別するため、あえてこのような表現が使われる
ファイト	口に掛かった針を鱒が必死に外そうとする様子
フィールド	釣り用語で、釣り場のこと
プレッシャー	釣り圧のこと。釣り人が多いフィールドほど、鱒にかかるプレッシャーは高い
フロストフラワー	川や湖に張った氷の表面に水蒸気が凍った結晶が付着し、まるで花のように見える自然現象
ベイト	餌のこと。小魚のほかに、甲殻類やプランクトン、昆虫なども含めてこう呼ぶ
ベイトフィッシュ	鱒の餌になる小魚のこと
ボイル	大型鱒に追われた小魚の群れが、突如として水面から飛び出す様子。鍋に入れた水が沸騰する様に似ていることが語源

マ

ミスバイト	鱒が上手にルアーをくわえられない様子
メーターオーバー	1mを超える大きさの鱒のこと

ヤ

雪代・雪代水	どちらも雪どけ水のこと。釣り用語としては、単に雪どけ水を指す時に「雪代」、雪どけ水を含んだ川の流れを指す時に「雪代水」と使い分けることもある

ラ

ライン	釣り糸のこと
ラン&ガン	一ヶ所のポイントに固執せず、テンポよく釣り歩くこと
ランディング	もともとは「陸に揚げる」の意だが、最近では掛かった鱒を浅瀬に誘導したり、ネットインすることも含め、鱒を釣り上げることに成功した様子全般を指すことが多い
ランドロック	「陸封された」の意。本来的には河川残留型と降湖型の両方を指す。釣り用語としては、ダムや湖があって海に降りれない鱒を指してこう呼ぶ
リアルベイト	本物の餌のこと。ルアーやフライなどの「疑似餌」と対比的に使われることが多い
リザーバー	釣り用語で、ダムのこと。自然湖と区別したい時にしばしば用いる
ローライト	太陽光がほとんど、あるいはまったく水面に差し込んでいない様子。しばしば、「ピーカン」と対比的に使われる
ロッドティップ	竿先
ロッドワーク	竿さばき

ワ

ワーム	ミミズなどの細長い虫に似せてつくられた、軟質プラスチック製のルアー
ワイルドレインボー	自然再生産を繰り返すニジマスのこと。自然再生産する鱒のうち、在来種にはネイティブ、外来種にはワイルドという形容詞がしばしば充てられる

●この用語解説は、著者独自の認識に基づき、本書の内容に特化して掲載するものであるため、釣り人の間で共有されている一般的な理解とは、必ずしも一致しない場合があります。

feat.《フィーチャリング》鱒《トラウト》的用語解説

ア

アクション	ルアーの動き
アフター スポーン	産卵を終えた鱒のこと。産卵直後の鱒を指して、ポストスポーンと呼ぶこともある
アングラー	趣味で鱒釣りをする人。ちなみに生業として漁を行う人、すなわち漁師はフィッシャーマンと呼ぶ
イタマス	サクラマスまたはランドロックサクラマスのうち、異様なほど体高が高く、まるでまな板のような体型をした個体のこと
居付き	広範囲を動き回ることなく、一定の場所に住みついている鱒のこと
インレット	湖や大河川に、小さな川が流れ込む場所のこと。和訳すると「流れ込み」

カ

カケアガリ	湖や川の底から浅場にかけて続く水中斜面のこと。鱒の付き場になることが多い
汽水域	海とつながった湖や川の下流部など、海水と淡水が混じり合った水域のこと
銀毛《ぎんけ》	鱒が海に降る直前、体の色が銀色に変化すること
降海型	孵化後一定の期間を川で過ごしたのち、川を降って海へ移動する個体のこと。「陸封型（ランドロック）」と対比的に使われることが多い
降湖型	孵化後一定の期間を川で過ごしたのち、川を降って湖へ移動する個体のこと。陸封型（ランドロック）は、河川残留型と降湖型に分けられる
婚姻色《こんいんしょく》	繁殖期に出現する体色のこと。魚種により、その特徴は異なる

サ

刺さる	水の中に立つこと。遠くから眺めると、湖や川の中に人が刺さっているように見えることからこう呼ぶ
サビ	婚姻色のうち、やや黒ずんだ発色のものを指す
耳石《じせき》	体の平衡バランスを保つ働きがある骨のこと。ここにできる年輪を利用して、魚のおおよその年齢を推定することができる
シャロー エリア	浅場のこと。明確な定義はないが、主に水深2m未満の場所を指すことが多い
準天然魚	発眼卵または稚魚の状態で川や湖に放流された鱒のうち、見かけ上は天然魚と見分けがつかない個体のこと
シングル	ルアーに装着する針のうち、針先が一つしかないもの。シングルフックの略称
スレる	鱒が学習し、警戒心が強まること
セッパリ	背ビレ付近の体高が極端に高くなった鱒のこと。通常、産卵期に入ったオスに見られる特徴的なビジュアルで、「背張鱒」などと呼ばれることもある
セルタ	フランスに本社があるルブレックス社製のスピナー※。いわゆるロングセラー商品で、その知名度の高さは群を抜いている ※スピナー：金属翼が水中で回転するルアー

タ

ダイヤモンド ダスト	厳しい冷え込みによって結晶化した空気中の水蒸気が、太陽の光に照らされてキラキラと輝く自然現象
タックル	釣り道具の総称
チャート	チャートリュースの略。もともとは黄緑色をした酒の名前が語源とされるが、一般的には蛍光色全般を指して使われる
ツボ足	スノーシューやかんじきなどの道具を使わずに、深い雪の中を自分の足だけで歩くこと
ディープ レンジ	釣り用語で、深い層のこと。特に鱒釣りの世界では、概ね、水面下5mより深い層をこう呼ぶことが多い
テレストリアル	陸生昆虫
テレメータ	川に設置された水位計のこと。数値は「国土交通省 川の防災情報」のサイト上で公開され、10分ごとに更新されている
デントコーン	飼料用トウモロコシ
トップ ウォーター	もともとは「川や湖の表層近く」の意であるが、釣り用語としては水面に浮かぶルアー全般を指してこう呼ぶ
ドラグ	リールに設定を超える力がかかると、自然にラインが引き出される機能。ラインが引き出される時にするジィー、ジィーという音を、ドラグ音と呼ぶ
トルク	鱒がカラダをくねらせてファイトする力
トンギョ	一般的に「トゲウオ」の仲間全般を指す。北海道内での俗称

Conclusion

今、この瞬間も、強くて、賢くて、美しい「鱒」たちが、ここ北海道にはたくさんの数、棲息しています。もともと首都圏の河川を主戦場としていた者からすれば、北の大地はまさにトラウトパラダイス。あちこちでいろんな問題を抱えているのは事実だけど、それでもなお、ここが「夢の国」であることに変わりはありません。

「鱒」たちに、もっとスポットライトを当てたい。そのために、私にはいったい何ができるのだろう。そのひとつの答えとして、ふと頭に浮かんだのが本を書くということでした。でも、出版業界に縁もゆかりもないひとりのアングラーが、そんなことを本当に実現できるのだろうか。もちろん、そんなふうにも考えました。

でもあれこれと悩んでいる時に、こんな声が聞こえてきたんですよ。「とにかく具体的に動いてごらん。具体的に動けば具体的な答が出るから」ってね。そう、かの有名な「相田みつを」の名言です。

やると決まったら、あとは前進あるのみ。そうしたら、本当にこうやって本の出版が実現しちゃったというわけなんですね。

本書の中で特に私がこだわったのは、掲載する「鱒」の写真。「ウソ、大げさ、紛らわしい」は絶対にダメ。どこかで聞いたことがあるようなフレーズだけど、これを徹底するために4つのルールを設けました。

①主役は、鱒でなければならない
②掲載する写真は、自然体で
③モデルは、私たち家族が釣った鱒に限る
④カメラマンは、私たち家族に限る

勘どころの良い読者の方は、この縛りにすでに気づいていたかもしれませんね。

まず、①について。ここで、ちょっと毒を吐きます。ブランド物のウェアで全身をコーディネートしたエキスパートアングラーが、どや顔で鱒を抱えている写真、実は私、あれがとっても苦手でして……。

主役は鱒、じゃなくて「オレ様」。なんだかそんなふうに見えてしまうんですね。

もしそれがビギナーアングラーの所作なら、イヤな気持ちになんて当然ならない。だけど、普段から鱒たちにたいそうお世話になっているはずの人が、彼らを従えてどや顔っていうのはさすがにちょっと……。野球の試合に勝ってマウンド上に国旗を立てるとか、パンチをもらって倒れた相手にダメを押すとか、それと同じレベルの振る舞いにしか私には見えないんです。

次に、②について。これは、真実とは違う方向に読者の皆さんの理解をミスリードするのはイヤだから、背伸びはいっさいしません、ということです。今の時代、やろうと思えばいろいろとできることもあるのでしょうが、少なくとも本書でそれをやる意味はない。だから、写真の加工は必要最小限にとどめています。

③④については、私たちのリアルな「日常」をお伝えしたほうが、情報としての価値が高まるだろう。そう判断しました。

実体験に基づいて、シンプルに客観的な「事実」だけを伝える。そうすることで、トラウトフィッシングの領域にひとつの〝道標〟を立ててみたかったということです。

著名なアングラーが、自らをあたかも特別な存在であるかのようにブランド化するのは自由。でも、私たちが出逢った鱒たちは、どうやら真実を知っていたようです。「天は人の上に人を造らず。特別な釣り人なんて、実在するわけないじゃん！」とね。

これは、本書の出版を通じて私が発信したかったひとつのメッセージでもあり、胸の奥に秘め続けていた痛烈な〝皮肉〟でもあります。管理釣り場の経験しかない人、入門したての釣りガール、貧乏な学生アングラー。そんなビギナーの方々にも、本書でモデルになってもらったような美しき「鱒」たちと出逢うチャンスは必ずあります。読者の皆さまに、どうかこの想いが伝わりますように。

最後に、超面倒くさいクライアントのわがままを全部受け止めて形にしてくれた、編集者の稲冨さん、デザイナーの金子さん、陰ながら本づくりをサポートしてくれたすべてのスタッフの皆さんに、そして本の主役を務めてくれた愛すべき鱒たちに、心から感謝の気持ちを伝えたいと思います。

また、最後まで懲りずにお付き合いいただいた読者の皆さん、本当にありがとうございました。今後の皆さんのフィッシングライフが、もっと素敵なものになりますよう、心よりお祈り申し上げます。

2021年 鱒たちのいのち萌ゆる季節に

喜島進

Profile

WANDERING ANGLER

Susumu Kijima

喜島 進

北海道在住

Fishing History

1972年東京都生まれ。物心が付く頃には、「キミのためだから……」という常套句《じょうとうく》を巧みに操り、決して正面から子どもと向き合おうとしない周囲の大人たちに絶望。大都会の片隅で、精神的に孤立した幼少期をやり過ごす。

はじめての「鱒」との出逢いは、11歳の時。多摩川本流で偶然釣れた美形ヤマメが、自分の居場所をなかなか見つけられず、ひとり暗闇の中を彷徨《さまよ》っていた小学生の自我を覚醒《かくせい》。たった一尾の鱒との出逢いが、その後の人生を大きく変えていくことに。

中学に入ると、渓流のルアーフィッシングに傾倒《けいとう》。青春18きっぷを駆使して、甲信越のフィールドへと足しげく通うようになる。そんな折、千曲川源流域の小さな村で、心ある大人たちの純粋な優しさに触れたことをきっかけに、人間不信は寛解《かんかい》。このかけがいのない人生体験が契機となって、我が未来に一筋の光明が差し込む。

高校時代は、都会嫌いと放浪癖にますます拍車がかかり、勉強は必要最小限、デートは完全にそっちのけでトラウトフィッシングに没頭。タックル一式を教室のロッカーに隠し持っていることがバレ、クラスメイトにドン引きされた経験も……。

大学の入学式当日には、日本武道館から長万部《おしゃまんべ》強制収容所に連行、もとい、長万部キャンパスに移動・入寮となるも、近所の川で毎日鱒釣りが楽しめる〝奇跡のキャンパスライフ〟をエンジョイ。映画館もゲームセンターもない生活環境に直面し、にわかに戸惑いの表情を浮かべる都会育ちの同級生たちを尻目に、道南の愛すべき田舎まちで、人生最高の一年を謳歌《おうか》する。

卒業後、一度は地元で就職したものの、北の大地に生きる美しき鱒たちの姿が一刻《いっとき》も頭から離れることはなく、30代になって離職を決意。2005年、ついに念願の北海道移住を果たすと、空いた時間を見つけては、全道の川や湖を徘《はい》徊《かい》する日々が続く。

自身は、コテコテのルアーフィッシャーだが、釣法《ちょうほう》や経験値に関係なく、鱒を愛するすべての老若男女をリスペクト。特に最近は、ビギナーと美しき鱒のマッチングに生きがいを感じつつ、どうにかこうにか今日まで魂をつないでいる。

Background

都立大泉高校を卒業後、東京理科大学で生物工学を専攻。

大学卒業後は、菓子メーカー勤務を経て、北海道内の行政機関に転職。主に産業政策や地域づくり関連の業務に従事し、地域に根ざした行政運営の経験を積む。

その後、2018年に独立、現在はフリーランスとして活動中。

Works

本業は、行政や大学などが主催するセミナーや研修の講師、地域づくりのサポート、グレートフィッシング然別湖のスタッフなど。その他、業務の合間を縫って、フィッシングガイドの仕事も手掛ける。

セミナー等で取り扱うテーマは、採用、人材育成、問題解決能力の向上、地域資源の活用など多岐にわたるが、「鱒釣りの釣果《ちょうか》は、魚の気持ちにしっかりと寄り添えるかどうかで大きく変わる」というエピソードを披露して、「相手を動かしたければ、まずは相手の気持ちに寄り添うところからはじめよう！」と参加者に語りかける場面も。

注）このProfileは、初版発行日を基準として作成したものです。

◉仕事のご相談・ご依頼

本書の出版を契機として、鱒釣り関連の講演やワークショップ等の開催、鱒資源を活かした地域おこしの企画・立案などの場を通じ、これまで学び積み上げてきた経験知を、次世代に向け積極的に還元していこうと計画を進めています。

地域を問わず、鱒釣り関連のお仕事に関するご相談・ご依頼も大歓迎ですので、Fishing Blog「北の大地に鱒を追う」お問い合わせフォームからお気軽に！

Fishing Blog「北の大地に鱒を追う」

トラウトパラダイス北海道の魅力を発信！

釣行記《ちょうこうき》を中心に、アングラーだけが知る絶景スポットや絶品グルメに関する話題も掲載。

北の大地に鱒を追う

オンラインショップ「Northern Pika」

トラウトフィッシングシーンをもっと愉しく！

機能性の高さに遊び心を加えたこだわりのアイテムを、数量限定で販売中。

Northern Pika BASE

参考文献リスト

[印刷文献]

◉「釣りがつなぐ希少魚の保全と地域振興～然別湖の固有種ミヤベイワナに学ぶ～」 2019年　芳山 拓　海文堂出版

◉「サケマス・イワナのわかる本（改訂新版）」 2017年　井田 齊, 奥山 文弥　山と渓谷社

[オンライン文献（五十音順）]

◉イトウ保護連絡協議会「イトウ保護のための宣言」
http://itou-net.sakura.ne.jp/declaration.html

◉オビラメの会「オビラメ勉強会　川村洋司『新事実判明　尻別イトウは成長が早い？』」
http://obirame.sakura.ne.jp/benkyoukai/kawamura/seityosokudo.html

◉環境省「自然環境・生物多様性 オオワシ」
https://www.env.go.jp/nature/kisho/hogozoushoku/owashi.html

◉グレートフィッシング然別湖
GreatFishing in Lake Shikaribetsu
「然別湖の概要, ご利用案内, ご予約」
https://www.shikaribetsu.com/

◉公益社団法人農林水産・食品産業技術振興協会
「日本の特別天然記念物【動物と植物】タンチョウ」
https://jataff.or.jp/monument/1.html

◉国土交通省気象庁［『過去の気象データ検索』より北海道内各地の気象データを閲覧］
https://www.data.jma.go.jp/obd/stats/etrn/

◉猿払イトウの会「イトウの会とは」
http://sarufutsuito.com/kai.html

◉洞爺湖漁業協同組合「釣り」
http://www.ltfa.info/fishing.html

◉とかち鹿追ジオパーク「とかち鹿追ジオパークとは」
https://www.shikaoi-story.jp/geopark/

◉フィッシングランド阿寒「遊漁規則」
http://www.koudai-akan.net/fishingland/rules.html

◉北海道環境生活部環境局自然環境課
「ヒグマによる人身被害を防ぐために（基本的注意事項）」
http://www.pref.hokkaido.lg.jp/ks/skn/higuma/kihon.htm

◉北海道水産林務部漁業管理課
「フィッシングルール2020 Rule＆Manner」
http://www.pref.hokkaido.lg.jp/sr/ggk/ggs/turi-r-m/rule-manner.htm

◉北海道 鹿追町「鹿追町の年間行事」
https://www.town.shikaoi.lg.jp/sightseeing/year_event/

◉北海道 朱鞠内湖 公式ウェブサイト
Lake Shumarinai「Trout Fishing」
https://www.shumarinai.jp/fishing/trouts/

◉北海道 弟子屈町「屈斜路湖での遊漁」
https://www.town.teshikaga.hokkaido.jp/kurashi/kanko_sangyo_shigoto/kankojoho/1516.html

◉北海道 南富良野町「南富良野町イトウ保護管理条例」
https://www.town.minamifurano.hokkaido.jp/itou-protection/

◉マリンネット北海道「研究している北のさかなたち」
https://www.hro.or.jp/list/fisheries/marine/o7u1kr000000041i.html

注）オンライン文献の最終閲覧日は、各文献とも2021年2月1日

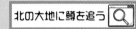

feat. 鱒

フィーチャリング トラウト

個性派ルアーフリークが移住者目線で迫る
「Trout Paradise 北海道」のリアル

2021年6月10日　初版発行
2022年1月14日　第2刷発行

撮影　喜島 進、喜島由美
イラストレーション　Atelier POLKADOTZ（P.017, 148, 149）
金子英夫（P.064, 075, 088, 101）

編集　稲冨能恵（文伸／ことこと舎）
校正　星野詔彦（文伸）
ブックデザイン　金子英夫（テンテツキ）
工務　有馬靖了（文伸）
製版　古賀 賢（文伸）
印刷　島田孝一郎（文伸）

著者　喜島《きじま》 進《すすむ》
発行　Northern Pika
発売　ぶんしん出版
東京都三鷹市上連雀1-12-17
Tel 0422-60-2211　Fax 0422-60-2200
制作　ことこと舎（ぶんしん出版）
印刷　株式会社 文伸
製本　加藤製本株式会社

Printed in Japan

ISBN978-4-89390-182-8　C2075